Finanzreform in der gesetzlichen Krankenversicherung und Zukunft des Risiko-Strukturausgleichs

Speyerer Schriften zu Gesundheitspolitik und Gesundheitsrecht

Herausgegeben von Rainer Pitschas

Band 1

Herausgeber:

Univ.-Prof.Dr. Rainer Pitschas
Lehrstuhl für
Verwaltungswissenschaft,
Entwicklungspolitik und
öffentliches Recht

Deutsche Hochschule für
Verwaltungswissenschaften Speyer

Freiherr-vom-Stein-Str. 2
67346 Speyer

Telefon: + 49 (0) 6232/654-345
Fax: + 49 (0) 6232/654-305
E-Mail: rpitschas@dhv-speyer.de

In Verbindung mit

Axel Benz
Vorstandsvorsitzender des BKK-
Landesverbandes Rheinland-Pfalz
und Saarland

Raimund Nossek
Mitglied des Vorstandes des BKK-
Landesverbandes Rheinland-Pfalz
und Saarland

Frank Spaniol
Vorstand der IKK Südwest-Plus

Herbert Schmitt
Stellvertr. Hauptgeschäftsführer der
Landwirtschaftlichen Krankenkasse
Hessen, Rheinland-Pfalz und Saarland

PETER LANG

Frankfurt am Main · Berlin · Bern · Bruxelles · New York · Oxford · Wien

Rainer Pitschas (Hrsg.)

Finanzreform in der gesetzlichen Krankenversicherung und Zukunft des Risiko-Strukturausgleichs

PETER LANG
Europäischer Verlag der Wissenschaften

Bibliografische Information der Deutschen Nationalbibliothek
Die Deutsche Nationalbibliothek verzeichnet diese Publikation
in der Deutschen Nationalbibliografie; detaillierte bibliografische
Daten sind im Internet über <http://www.d-nb.de> abrufbar.

Eine Zusammenarbeit der Deutschen Hochschule für
Verwaltungswissenschaften Speyer mit der Arbeitsgemeinschaft

Gedruckt auf alterungsbeständigem,
säurefreiem Papier.

ISSN 1863-253X
ISBN-10: 3-631-56073-7
ISBN-13: 978-3-631-56073-0
© Peter Lang GmbH
Europäischer Verlag der Wissenschaften
Frankfurt am Main 2007
Alle Rechte vorbehalten.

Printed in Germany 1 2 3 4 5   7

www.peterlang.de

Inhaltsverzeichnis

Vorwort

Der vorliegende Band fasst die Beiträge zusammen, die während der 8. Speyerer Gesundheitstage am 06./07. April 2006 an der Deutschen Hochschule für Verwaltungswissenschaften Speyer gehalten wurden. Im Vordergrund der Veranstaltung standen prinzipielle Fragen nach einer veränderten Finanzierung der gesetzlichen Krankenversicherung (GKV). Antworten hierauf hatten auch die Überlegung einzubeziehen, ob und bejahendenfalls in welcher Gestalt der Risiko-Strukturausgleich (RSA) in der GKV künftig fortzuführen wäre. Denn seine Finanzierung bildet eines der zentralen Probleme im Zusammenhang mit der anhaltenden Modernisierung des Gesundheitswesens und der Gestaltung ihrer Auswirkungen auf die Wettbewerbssituation der gesetzlichen Krankenkassen einerseits, die Lohn- bzw. Arbeitskosten in Deutschland andererseits.

Die von der Politik, in der Praxis der Krankenversicherung sowie in der Gesundheitsökonomie und von der Rechtswissenschaft hierzu vertretenen Auffassungen divergieren stark. Das Bundessozialgericht hat in einer maßgeblichen Entscheidung den Risiko-Strukturausgleich für vereinbar mit Sozial- und Verfassungsrecht gehalten. Die Entscheidung des hiergegen angerufenen Bundesverfassungsgerichts hat dem beigepflichtet. Doch geht es nicht nur um gesundheitspolitische, -ökonomische und -verfassungsrechtliche sowie sozialrechtliche Problemlagen. Die Reform des Risiko-Strukturausgleichs mit ihren unterschiedlich denkbaren Optionen wirkt sich in jedem Fall auf die zukünftige Gesamtfinanzierung der GKV aus, unabhängig davon, ob diese „im System" gefunden wird oder systemüberschreitende Fondslösungen zur Finanzierung des Gesundheitswesens vorsieht. M. a. W. darf es keine isolierten sach- und finanzpolitischen Lösungen zum Risiko-Strukturausgleich geben. Antworten hierzu sind vielmehr mit den Finanzierungsproblemen der gesetzlichen (und privaten) Krankenversicherung unauflöslich verbunden.

Selbst die Zahlungsströme im Rahmen einer eventuellen Fondsfinanzierung werden diesen Zusammenhang nicht auflösen können – es sei denn, es käme (verfassungswidrig) zum Wegfall der privaten Krankenversicherung und zur Einführung einer gesetzlichen Einheitskasse.

Diesem Verbund von Problemlagen und ihrem Bedarf nach Auflösung tragen die hier abgedruckten Beiträge durchweg Rechnung. Fragen und Antworten in den einzelnen Referaten verbinden politische, gesundheitsökonomische, finanzwissenschaftliche und verfassungs- sowie sozialrechtliche Überlegungen zu einer Gesamtaussage in der ausgreifenden Reformdebatte. Die 8. Speyerer Gesundheitstage leisten damit erneut und in der Nachfolge zu den früheren Veranstaltungen (vgl. das am Ende des Bandes abgedruckte Verzeichnis der bisheri-

8

gen Publikationen) einen substanziellen Beitrag zur Fortentwicklung unseres Gesundheitswesens innerhalb der Europäischen Gemeinschaft. Der Herausgeber, dem wiederum die Vorbereitung und die Moderation der Gesundheitstage oblag, dankt den Verantwortlichen der BKK-IKK-LKK-Arbeitsgemeinschaft für tatkräftige Mitwirkung und finanzielle Förderung auch der Drucklegung dieses Bandes sehr herzlich. Für die Unterstützung bei der Gestaltung der Tagung und bei ihrer Durchführung sei meiner Assistentin, Frau Ass. iur. Katrin Schoppa, und meiner Sekretärin, Frau Michaela Busche, ebenso herzlich gedankt.

Speyer, im Juni 2006   Rainer Pitschas

Überlegungen zur Reform des Risikostrukturausgleichs (RSA) und seiner Verknüpfung mit einer Finanzreform in der GKV

von Josef Hecken

Der Risikostrukturausgleich, der RSA, verdankt seine heutige Gestalt letztendlich einer Gerechtigkeitsdiskussion: Mitte der 90er Jahre regelte der damalige Bundesgesundheitsminister Horst Seehofer die Kassenwahlrechte neu. Versicherte sollten – von wenigen Ausnahmen abgesehen – alle örtlich zuständigen Krankenkassen wählen dürfen. Er versprach sich damit eine deutliche Intensivierung des Kassenwettbewerbs um Versicherte. Niemand konnte allerdings bereits damals daran zweifeln, dass die Kassen mit ungünstiger Versichertenstruktur einen ungezügelten Wettbewerb nicht lange würden überleben können. Die bereits zu diesem Zeitpunkt beträchtliche Beitragssatzspanne von 8,8 Beitragssatzpunkten[1] zwischen den Krankenkassen wären bei einem unkontrollierten Wettbewerb noch weiter auseinander gedriftet. Das Ende wäre absehbar gewesen: Eine, wenn nicht sogar zwei Kassenarten wären alsbald auf der Strecke geblieben.

Dieser Überlegung und der daraus folgenden Verpflichtung zur Schaffung gleicher Startchancen verdankt der RSA seine Entstehung. Die bereits erwähnten beträchtlichen Beitragssatzunterschiede innerhalb der Kassenlandschaft waren bekanntlich nicht ausschließlich, aber doch zumindest zum größten Teil auf die unterschiedlichen Versichertenstrukturen der Kassenarten zurückzuführen. Man konnte mithin die „Geschäftspolitik" der Kassen dafür nicht verantwortlich machen, denn der GKV war und ist – im Gegensatz zur PKV – die Risikoselektion verboten.

Ziel des RSA ist daher der Abbau dieser strukturell bedingten Beitragssatzunterschiede und damit der Wettbewerbsverzerrungen zwischen den Krankenkassen und die gerechtere Gestaltung der Beitragsbelastung der Versicherten und Arbeitgeber.

Wer wie ich vor fachkundigem Publikum redet, kann sich langatmige Erklärungen des komplexen Ausgleichssystems RSA ersparen. Ich werde daher im Folgenden nur die Wesensmerkmale des RSA ansprechen, die für ihn kennzeich-

---

[1] RSA 2003/2004 – Zahlen, Fakten, Hintergründe, hrg. vom VdAK 2005, S. 47.

nend sind und über die man in der anstehenden politischen Debatte über die Zukunft des RSA nachdenken sollte.

Kernelemente des RSA sind der Beitragsbedarf einer Krankenkasse sowie ihre Finanzkraft. Die Höhe des Ausgleichsanspruches oder der Ausgleichsverpflichtung wird durch einen Vergleich dieser beiden Größen ermittelt. Als Ergebnis des RSA wird jede Krankenkasse so gestellt, als habe sie eine Versichertenstruktur, die genau dem Durchschnitt aller Krankenkassen entspricht.

Zwischenbemerkung

Der RSA gleicht unterschiedliche Einnahmen aus. Ausgleichsparameter sind die von den Krankenkassen nicht beeinflussbaren Unterschiede in der Höhe der beitragspflichtigen Einnahmen ihrer Mitglieder (die Grundlöhne), die Unterschiede in der Zahl der beitragsfrei Mitversicherten, des Geschlechts, des Alters und des Rentnerstatus der Versicherten. Infolgedessen werden auch nicht die tatsächlichen einer Kasse entstandenen Ausgaben berücksichtigt, sondern standardisierte, d. h. am Ausgabendurchschnitt aller Krankenkassen orientierte Leistungsausgaben – und zwar ohne Verwaltungsausgaben – berücksichtigt. Dieses Verfahren gewährleistet, dass Ausgabenunterschiede zwischen den Krankenkassen, die nicht auf die unterschiedliche Risikobelastung der Krankenkassen zurückzuführen sind, wie bisher ausschließlich aus den Beitragseinnahmen der jeweiligen Krankenkasse finanziert werden müssen.

Ich möchte nicht schon an dieser Stelle auf den zweiten Teil meines Referates, nämlich die zu ziehenden politischen Schlussfolgerungen, überleiten, halte allerdings diese Zwischenbemerkung bereits an dieser Stelle für notwendig:

Der RSA ist als Einnahmen- und nicht als Ausgabenausgleich konzipiert worden. Dies muss auch in Zukunft so bleiben.

Der RSA wurde bis 1998 in den alten und neuen Ländern jeweils getrennt durchgeführt. Angesichts der schwierigen finanziellen Sondersituation der Krankenkassen in den neuen Ländern sah sich der Gesetzgeber veranlasst, die Rechtskreistrennung im RSA stufenweise aufzuheben:

- Mit dem *GKV-Finanzstärkungsgesetz* wurde für die Jahre 1999 – 2001 ein auf den Ausgleich der unterschiedlichen Finanzkraft der Krankenkassen zwischen den alten und neuen Ländern begrenzter gesamtdeutscher Risikostrukturausgleich vorgesehen, der – so gesehen – ein reiner Finanzkraftausgleich

war. Im Jahre 1999 durfte dieser Ausgleich die gesetzlich vorgegebene O-
bergrenze von 1,2 Mrd. DM nicht überschreiten.

• Mit dem am 1.1.1999 in Kraft getretenen *GKV-Solidaritätsstärkungsgesetz*
wurde die zeitliche Begrenzung des rechtskreisübergreifenden Finanzkraft-
ausgleiches aufgehoben.

• Mit dem am 16.12.1999 verabschiedeten *Gesetz zur Rechtsangleichung in
der gesetzlichen Krankenversicherung* werden seit dem Jahre 2001 die bislang für Ost und West getrennt berücksichtigten standardisierten Leistungsausgaben im Zeitraum von 7 Jahren vollständig angeglichen. Die Folge dieser stufenweisen Angleichung hat den West-Ost-Transfer merklich gestei-
gert. Den Krankenkassen in den neuen Ländern ist auf diese Weise ein be-
trächtlicher Spielraum zur Stabilisierung bzw. zur Senkung ihrer Beitragssätze erwachsen.

Weitreichende Veränderungen brachte das am 1.1.2002 in Kraft getretene *Gesetz zur Reform des RSA*:

• Krankenkassen, die ihren Versicherten Behandlungsprogramme (DMP's) für
ausgewählte chronische Krankheiten anbieten, werden hierfür im Rahmen
des Risikostrukturausgleichs insofern gefördert, als diesen Kassen pro eingeschriebenem Versicherten erhöhte Leistungsausgaben zugerechnet werden.

• Überdurchschnittlich hohe Aufwendungen für Versicherte werden teilweise
im Rahmen eines Risikopools ausgeglichen.

• Zum 1.1.2007 soll die bisher indirekte Erfassung von Morbiditätsunterschieden zwischen den Versicherten durch eine direkte Erfassung dieser Morbiditätsunterschiede abgelöst werden.

Transfervolumen

Das vom RSA veranlasste Umverteilungsvolumen in der GKV hat seit der RSA-
Einführung im Jahre 1995 von damals fast 12 Mrd. € auf mittlerweile ca. 15,8
Mrd. € im Jahre 2003 zugenommen[2]. Davon entfallen 15,1 Mrd. € auf den RSA
und die restlichen 0,7 Mrd. € auf den Risikopool.

---

[2] RSA 2003/2004, aaO., S. 11 ff.

Von Anfang an gab und gibt es beim RSA Gewinner und Verlierer: Bei den **AOK'en** sind im Laufe der Jahre die Transfergewinne stetig und deutlich gestiegen. Mit fast 13,1 Mrd. € im Jahre 2003 haben sich die Transferforderungen des AOK-Systems im Verhältnis zu 1995 (damals: 7,8 Mrd. €) um mehr als zwei Drittel erhöht.

Schaubild 1

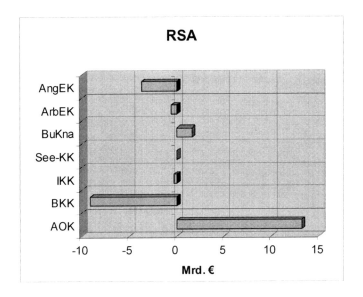

Kassenart	RSA-Transfer in Mrd. €
AOK	13,1
BKK	-9,1
IKK	-0,3
See-KK	0,003
BuKna	1,6
ArbEK	-0,6
AngEK	-3,7

Auch die **Bundesknappschaft** ist Netto-Empfänger im RSA in Höhe von knapp 1,6 Mrd. € und ist damit in der Lage, einen allgemeinen Beitragssatz von derzeit 11,5 % zu erheben. Dieser liegt damit erheblich unter dem durchschnittlichen allgemeinen GKV-Beitragssatz von derzeit ca. 13,3 %, vor allem aber auch deutlich unter den Beitragssätzen der meisten (großen) Zahlerkassen. Erstaunlich in diesem Zusammenhang ist aber, dass die Bundesknappschaft als

RSA-Empfängerkasse sogar einen Beitragssatz erheben kann, der deutlich unter dem Ausgleichsbedarfssatz liegt, was u. a. damit zusammen hängt, dass ein Großteil der von der Bundesknappschaft gezahlten Renten definitionsgemäß als Erwerbsminderungsrenten behandelt werden, so dass für die Bezieher dieser Renten hohe Beitragsbedarfszuweisungen im RSA verbucht werden, die offenkundig den tatsächlichen Versorgungsbedarf weit übersteigen.

Schaubild 2

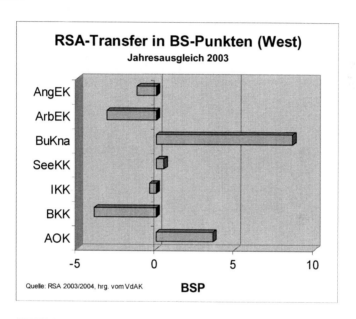

Kassenart	RSA-Transfer in BSP
AOK	3,6
BKK	-3,9
IKK	-0,4
SeeKK	0,5
BuKna	8,6
ArbEK	-3,1
AngEK	-1,2

Wenn ich eingangs das AOK-System und die Bundesknappschaft als diejenigen bezeichnet habe, die vom RSA profitieren, dann ist im Umkehrschluss klar, dass die anderen Kassenarten, insbesondere die Ersatzkassen, die Betriebs- und Innungskrankenkassen diejenigen sind, die in den RSA hinein zahlen. Im Jahresausgleich 2003 haben die **Betriebskrankenkassen** insgesamt 9,1 Mrd. €, die

Ersatzkassen 4,3 Mrd. € und die **Innungskrankenkassen** 360 Mio. € in den RSA eingezahlt.

Schaubild 3

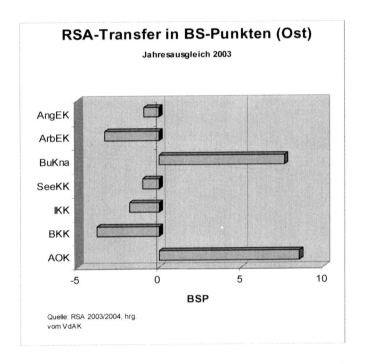

RSA-Transfer in BS-Punkten (Ost)
Jahresausgleich 2003

Quelle: RSA 2003/2004, hrg. vom VdAK

Kassenart	RSA-Transfer in BSP
AOK	8,5
BKK	-3,8
IKK	-1,8
SeeKK	-1
BuKna	7,6
ArbEK	-3,3
AngEK	-0,9

Die Be- und Entlastungswirkung des RSA wird noch deutlicher, wenn man sich die **Beitragssatzwirkung** der RSA-Transfers vor Augen führt.

Für den Bereich der <u>GKV-West</u> führten die RSA-Transfers bei den **AOK'en** zu einer Beitragssatzentlastung von 3,6 Beitragssatzpunkten, bei der **Bundesknappschaft** gar von 8,6 Beitragssatzpunkten, wohingegen das **BKK-System** mit 3,9 Beitragssatzpunkten, die **Ersatzkassen** mit ca. 2,1 Beitragssatzpunkten und die **Innungskrankenkassen** mit 0,4 Beitragssatzpunkten belastet wurden.

Im Bereich der GKV-Ost erhielt das **AOK-System** im gleichen Zeitraum eine Beitragssatzentlastung von insgesamt 8,5 Beitragssatzpunkten, die **Bundesknappschaft** eine Entlastung von immer noch 7,6 Beitragssatzpunkten, wohingegen die Belastung des **IKK-Systems** auf 1,8 Beitragssatzpunkte steigt. Bei den übrigen Kassenarten sind die Be- bzw. Entlastungswirkungen in der gleichen Größenordnung wie im Westen.

Position der Kassen

Angesichtes dieser beträchtlichen Auswirkungen des RSA werden die jeweiligen Kassenpositionen rasch verständlich: Während AOK-System und Knappschaft "glühende Anhänger" des Morbi-RSA sind, ist die Meinung bei den Ersatzkassen gespalten (BEK, DAK sind dafür, TK ist eher dagegen). Im BKK- und IKK-Lager finden sich hingegen viele Skeptiker - was nicht weiter verwundert, wenn man bedenkt, dass bereits jetzt Mitgliedskassen dieser beiden Kassenarten mehr als 50 % ihrer Einnahmen in den RSA einzahlen müssen.

Für die Ersatzkassen hat der Streit um das Für und Wider des Morbi-RSA eine besondere Note:

Bis auf die Ersatzkassen vertreten alle Kassenarten eine einheitliche Position zum Morbi-RSA, die innerhalb dieser Kassenart von niemandem – zumindest öffentlich - in Frage gestellt wird. Bei den Ersatzkassen hingegen gibt es mächtige Befürworter, allen voran die BEK[3], aber auch mächtige Gegner, wie z.B. die TK[4] oder die GEK.

Manche mutmaßen bereits, dass die Zentrifugalkräfte dieses Grundsatzstreites so stark sind, dass das Ersatzkassensystem daran auseinander brechen könnte.

---

[3] Die in einem „Dreibund" zusammen mit AOK und KBV das BMGS zum unverzüglichen Erlass der M-RSA-VO aufgefordert hat.

[4] Deren Vorstandsvorsitzender, Prof. *Norbert Klusen*, Mitherausgeber eines Sammelbandes zum Thema „Steuerungswirkungen des RSA", Nomos, Baden-Baden, 2005, ist. Die Mitherausgeber leiten ihr Vorwort – die Ergebnisse quasi vorwegnehmend – mit den Sätzen ein: „Dies ist kein Buch für Dakota-Indianer. Diese wussten: „Wenn du merkst, dass du ein totes Pferd reitest, steig ab.""".

Gerechtigkeit, Transparenz, Manipulationsresistenz

Ich habe bereits eingangs gefordert, dass eine künftige RSA-Reform an den Zielen: Gerechtigkeit, Transparenz und Manipulationsresistenz auszurichten ist.

Es gibt in der heutigen RSA-Systematik erhebliche Ungereimtheiten, die im Rahmen einer RSA-Reform ausgeräumt werden müssen. Ungereimtheiten gibt es dabei nicht nur bei der Berechnung der RSA-Transfers, sondern auch bei der Art und Weise, wie die RSA-Zahlungen bzw. die RSA-Ansprüche geprüft werden. Erinnern Sie sich noch an die zähen Verhandlungen zur 13. RSAV-Änderungsverordnung? Gerade die mit der 13. RSAV-Änderungsverordnung bezweckte nachträgliche Erleichterung der Prüfkriterien konnte von den Ländern nicht akzeptiert werden. Es ging mit dieser Verordnung erklärtermaßen nicht darum, auf „kleinstem Beamten-Karo" Prüfwege und Prüfregularien zu definieren, sondern zu entscheiden, ob ungerechtfertigte RSA-Belastungen bzw. -Entlastungen legalisiert würden oder nicht. Ich sage dies ausdrücklich nicht, weil ich den RSA mittelfristig abschaffen will, sondern weil ich ihn im Gegenteil stabilisieren und stärken möchte. Ich erinnere daran, dass das Bundessozialgericht den RSA nur dann für rechtmäßig hält, wenn er auf validen Daten beruht[5].

Wer also an der Stärkung des RSA interessiert ist, muss konsequenterweise dafür sorgen, dass der RSA gerecht, transparent und manipulationsresistent ist.

Die Akzeptanz des RSA, die Akzeptanz insbesondere bei den Zahlerkassen, steigt und fällt mit der Ausgewogenheit und Transparenz seines Ausgleichssystems. Oder, mit anderen Worten: Je ungerechter der RSA Transferleistungen verteilt, je undurchsichtiger und manipulationsanfälliger der RSA ist, desto geringer ist seine Akzeptanz bei den Betroffenen und seine Bestandskraft vor den Sozialgerichten.

Ich komme jetzt zu der Frage, wie diese Postulate in einer künftigen Reform des RSA verwirklicht werden können.

Ab dem **1.1.2007** sollen im RSA die Versichertengruppen und die Gewichtungsfaktoren nach Klassifikationsmerkmalen gebildet werden, die die Morbidität der Versicherten direkt abbilden.

---

[5] BSG-Urteil vom 24.01.2003 – B 12 KR 17/02 R.

Das Gutachten und seine Bewertung

Die alte Bundesregierung hat bekanntlich ein Gutachten zur Auswahl geeigneter Morbi-RSA-Modelle[6] erstellen lassen.

Die unionsgeführten Länder haben sich im Rahmen der von Bundestag und Bundesrat anlässlich der Verabschiedung des GMG eingesetzten Bund-Länder-Arbeitsgruppe mit dem Gutachten intensiv auseinandergesetzt, insbesondere mit der darin enthaltenen These, dass das von den Gutachtern vorgeschlagene Modell eine vierfach höhere Prognosesicherheit als der alte RSA (nämlich 24 % zu 6 %) habe.

Ohne den Aussagewert des Gutachtens grundsätzlich in Zweifel zu ziehen, bleiben eine ganze Reihe von Fragen unbeantwortet:

- Die vom Gutachten geschätzten Krankenhauskosten stammen aus dem Jahr 2001, sind also nicht mit DRG-Pauschalen bemessen worden; in Folge dessen ist ihr Aussagewert für das Jahr 2007, in dem der M-RSA eingeführt werden soll, wenig aussagefähig.

- Die vom Gutachten geschätzten Beitragsatzwirkungen (AOK'en: - 0,5 BS-Punkte – BKK'en: + 0,6 BS-Punkte) sind ebenfalls nicht verlässlich, da sich die im Jahr 2001 vorgefundene Verteilung der Versicherten auf die Kassenarten im Jahr 2007 sicherlich verändert haben dürfte. Deutlich wird aber, dass der Morbi-RSA zu beträchtlichen Verwerfungen in der Kassenlandschaft führen wird. **Gewinner werden also die AOK'en und auch die Knappschaft sein, Verlierer das BKK-System.**

Hinsichtlich der **Knappschaft** lässt sich dies an folgendem Beispiel belegen:

Das Gutachten belegt zwar überzeugend, warum die Ersetzung der bisherigen RSA-Kriterien „Alter", „Geschlecht", „Einkommen" und „Rentnerstatus" durch morbiditätsorientierte Parameter den Aussagewert des RSA verbessern wird. Unverständlich ist dann aber, warum sich das Gutachten für eine Beibehaltung des Merkmals „Rentner" ausspricht. Für diesen – scheinbaren – Widerspruch gibt es eine einleuchtende Erklärung:

---

[6] *IGES/Lauterbach/Wasem,* Klassifikationsmodelle für Versicherte im RSA, Untersuchung zur Auswahl geeigneter Gruppenbildungen, Gewichtungsfaktoren und Klassifikationsmerkmale für einen direkt morbiditätsorientierten RSA in der GKV.

Der Bundesknappschaft werden für ihren hohen Anteil an Erwerbs- und Berufsunfähigkeitsrentnern Normkosten gutgeschrieben, die zwar im bundesweiten Durchschnitt existieren, angesichts der spezifischen Frühverrentungspraxis im Bergbau aber weit über dem tatsächlichen Ausgabenbedarf der Kasse liegen. Trotz eines dreimal höheren Anteils an EU/BU-Rentnern als im Kassendurchschnitt kann die Bundesknappschaft aufgrund von RSA-Zuweisungen einen Beitragssatz von 11,5 % erheben, der noch unterhalb des Ausgleichsbedarfssatzes liegt [7].

- Die praktische Ausgestaltung der Umstellung auf den Morbi-RSA ist noch völlig offen. Anzunehmen ist, dass wesentliche Aufgaben dem BVA zugesprochen werden, das sich dann unaufhaltsam zur Mega-Behörde entwickeln dürfte.

- Völlig offen ist, in welchem Verhältnis der – vom Gutachten nicht bezifferte – Umstellungsaufwand zum Erkenntnisgewinn (6 % auf 24 %) steht.

- Problematisch ist auch der sehr ehrgeizige Zeitplan zur Realisierung des Morbi-RSA, der zum 1.1.2007 den „alten" RSA ablösen soll. Die zur Umsetzung erforderliche Rechtsverordnung hätte bereit spätestens zum **30.06.2004** in Kraft treten müssen, was aber bis heute nicht geschehen ist. Der Zeitplan der Einführung des Morbi-RSA ist daher nicht mehr zu halten und muss gestreckt werden. Es bietet sich darüber hinaus an, ein neues Gutachten in Auftrag zu geben. Das von der alten Bundesregierung in Auftrag gegebene Gutachten schlug bekanntlich ein wissenschaftlich ausgefeiltes, aber auch sehr verwaltungsaufwändiges und manipulationsanfälliges Verfahren vor, das wegen dieser nicht quantifizierbaren Kollateralschäden von der Union abgelehnt wird.

Weitere Bedenken gegen das von den Gutachtern favorisierte Modell kommen hinzu:

- Wenn die direkte Morbiditätserfassung so gut wie erhofft ist, warum sollen dann DMP's und EU-Renten (vgl. oben) weiterhin erfasst werden?
- Wenn die ambulanten Daten angeblich so schlecht sind, dass sie in den Morbiditätskataster nicht aufgenommen wurden, warum sind sie dann gut genug, um – ebenfalls in 2007 – als Grundlage der Regelleistungsvolumina zu dienen?

---

[7] *Manfred Zach*, Warum der RSA zurückgebaut werden sollte, dfg, 46/2004, S. 2 ff. <4>.

19

- Wozu werden die <u>Arzneimitteldaten</u> als Grundlage des Morbi-RSA genommen, wenn angeblich ca. 25 % aller Arzneimittelverordnungen medizinisch nicht indiziert sind („Arzneiverordnungs-Report")?

- Der Morbi-RSA wird – stärker als sein Vorgänger – dazu führen, dass die Krankenkassen „<u>Kranke</u>" <u>produzieren müssen</u>, weil dies durch RSA-Zuweisungen belohnt wird: Statt eines Leistungswettbewerbs werden sich die Kassen in einen „Überbietungswettbewerb" stürzen. Unterstützt werden die Kassen hierbei durch die Leistungserbringer und die Pharmaindustrie. Verlierer sind die Beitragszahler.

- Die Verkomplizierung des Verfahrens wird natürlich die <u>Manipulationsanfälligkeit</u> erhöhen, was den Morbi-RSA vor den Gerichten angreifbar macht.

Verfassungsrechtliche Überprüfung

Nun wird von den Befürwortern des Morbi-RSA gerne darauf hingewiesen, dass schließlich das höchste deutsche Gericht nicht nur den gegenwärtigen, sondern auch den Morbi-RSA für verfassungsgemäß erklärt und ihm somit eine allumfassende Unbedenklichkeitsbescheinigung ausgestellt habe. Die Euphorie ist aus Sicht der RSA-Fans zwar verständlich, eine nüchterne Analyse des Karlsruher RSA-Beschlusses führt indes zu anderen Ergebnissen:

Das Bundesverfassungsgericht hat bekanntlich in seinem Beschluss vom 18. Juli 2005[8] folgendes entschieden:

- Die gesetzlichen Grundlagen des RSA sind mit dem Grundgesetz <u>vereinbar</u>.

- Die Einführung des <u>gesamtdeutschen RSA</u> ist verfassungsrechtlich nicht zu beanstanden. Dieser verwirklicht den Solidargedanken länderübergreifend.

- Auch die geplante Weiterentwicklung des RSA zu einem <u>direkt morbiditätsorientierten RSA</u> begegnet keinen verfassungsrechtlichen Bedenken.

Soweit, so gut!

---

[8] 2 BvF 2/01.

Mit dieser klaren Positionierung sind allerdings die eingangs geschilderten Fragestellungen und Bedenken gegen den Morbi-RSA keineswegs ausgeräumt. Mit diesen Argumenten konnte und durfte sich das Bundesverfassungsgericht nicht auseinandersetzen. Den Morbi-RSA gibt es nämlich noch überhaupt nicht, es existiert noch nicht einmal eine regierungsamtliche „Blaupause". Deswegen kann der Karlsruher Beschluss nicht als „Freifahrschein" für das vor uns liegende RSA-Reformwerk dienen.

Das Bundesverfassungsgericht hat lediglich bekundet, dass die Weiterentwicklung eines bislang indirekt-morbiditätsorientierten RSA zu einem künftig direktmorbiditätsorientierten RSA nicht mit der Verfassung kollidiert. Diese generelle Positionierung des Bundesverfassungsgerichts enthebt den Gesetzgeber allerdings nicht von der Verpflichtung, diesen Morbi-RSA so auszugestalten, dass seine Auswirkungen, insbesondere bei den zahlungspflichtigen Kassen, nicht gegen elementare Verfassungsprinzipien verstoßen.

So ist zu fragen, ob das befürchtete Missverhältnis zwischen höherem Erkenntnisgewinn und beträchtlich ausgeweiteten Verwaltungsaufwand für Kassen, Prüf- und Aufsichtsbehörden nicht gegen das Übermaßverbot verstößt.

Es ist sicherlich auch zu fragen, ob die Transferwirkungen des Morbi-RSA dem Gebot gerecht werden, Gleiches gleich und Ungleiches ungleich zu behandeln.

Ein Morbi-RSA, der intransparent und manipulationsanfällig wäre und der die Betroffenen gleichheitswidrig belastete, hätte keine Chance, wenn er dereinst in Karlsruhe auf seine Verfassungsgemäßheit hin überprüft würde.

Das Bundesverfassungsgericht hat im übrigen auch darüber keine Entscheidung getroffen, ob **DMP's** und Risikopool auch weiterhin mit dem RSA verbunden bleiben sollen. Für eine Abkoppelung der DMP's und des Risikopools vom RSA sprechen gute Gründe: Auch wenn die mit einem DMP „eigentlich" verbundene Steigerung der medizinischen Behandlungsqualität nicht in jedem Fall zweifelsfrei bewiesen ist, haben die Kassen eindeutig finanzielle Interessen an der Gewinnung möglichst vieler Einschreibungen in DMP's – Qualität hin oder her. Diese Interessenlage ist auch die Ursache für eine bedenkliche Zunahme der Manipulationsanfälligkeit des RSA, die durch den immensen DMP-bedingten Verwaltungsaufwand noch zusätzlich verschärft wird.

Auch beim **Risikopool** fallen bürokratischer Aufwand und Ertrag auseinander. Während nahezu 30 % des Prüfgeschehens auf den Risikopool fallen, sind dessen Umverteilungswirkungen nicht im beitragssatzrelevanten Bereich. Wenn man nämlich die Risikopool-Zuweisungen mit dem entsprechend abgesenkten RSA-Beitragsbedarf saldiert, sind verschwindend geringe Be- und Entlastungen das Ergebnis: Während die AOK'en im Jahr 2003 gerade mal eine Beitragssatzentlastung von 0,01 Beitragssatzpunkten (BSP) erfuhren, wurden die BKK'en mit 0,03 BSP und die IKK'en mit 0,04 BSP belastet[9].

Zu überlegen ist daher, den Risikopool durch einen obligatorischen, kassenarteninternen Ausgleich nach § 265 SGB V zu ersetzen.

Politische Forderungen

Aus alledem leite ich folgende politischen Forderungen ab:

1. Die direkte Erfassung von Morbiditätskriterien im RSA bildet unterschiedliche Risikostrukturen genauer ab als die lediglich indirekte Erfassung. Die Weiterentwicklung des RSA zum Morbi-RSA ist daher grundsätzlich richtig. Die vom Gutachten ausgesprochene Systemempfehlung lässt allerdings erhebliche fachliche wie verfahrenstechnische Fragestellungen unbeantwortet. Vor einer endgültigen politischen Systementscheidung sind daher alle diese Fragen zufrieden stellend zu beantworten.

2. Eine endgültige politische Entscheidung setzt im übrigen voraus, dass die mit dem Wechsel zwangsläufig verbundenen Kosten bekannt sind und diese Kosten den Nutzen des Systemwechsels nicht übersteigen. Einem einfachen, praktikablen System ist der Vorzug vor einem komplizierten, störanfälligen System zu geben.

3. Die Einführung des Morbi-RSA sollte die bisherige „RSA-Bürokratie" bei Kassen, Prüfdiensten und Aufsichten nicht vergrößern, sondern idealtypisch sogar verringern. In Zeiten von Deregulierung ist der Aufbau von Monsterbürokratien nicht mehr begründbar.

4. Ein wirksamer Beitrag zur Deregulierung bestünde darin, die Verknüpfung des RSA mit den DMP's zu lösen. Des Weiteren wäre zu prüfen, ob der Risikopool nicht besser durch einen obligatorischen, kassenarteninternen Ausgleich ersetzt werden sollte.

---

[9] RSA 2003/2004 aaO., S. 78 f.

5. Der 1.1.2007 als vom Gesetz bestimmter Einführungszeitpunkt des Morbi-
RSA ist nicht mehr realistisch, weil die dafür notwendige Umsetzungsver-
ordnung bereits seit fast zwei Jahren überfällig ist. Ein Erlass der Verordnung
wäre heute fachlich und politisch nicht mehr vertretbar. Aus diesem Grund
sieht der Koalitionsvertrag die Streckung des Zeitplans vor[10], was auch um-
gehend in die Wege geleitet werden sollte. In diesem Zusammenhang wäre
auch zu überlegen, ob das zeitliche Junktim zwischen Einführung des Morbi-
RSA und der morbiditätsorientierten Vergütung der Vertragsärzte nicht gelo-
ckert werden sollte.

---

[10] Koalitionsvertrag, Zeile 4461.

Der Risikostrukturausgleich im Geflecht ökonomischer Finanzierungsüberlegungen zur künftigen GKV

von Wolfgang Greiner

1. Risikostrukturausgleich in der GKV

Seit Jahren wird über den Reformbedarf im deutschen Gesundheitswesen diskutiert. Veränderungen in der Altersstruktur, der medizinische Fortschritt, ein zunehmendes Anspruchsniveau der Versicherten, aber auch politische Eingriffe in die Finanzierungsbasis der gesetzlichen Krankenkassen lassen die Schere zwischen dem medizinisch-technischen Machbaren und dem finanziell Möglichen immer weiter auseinander gehen[1]. Die Struktur des deutschen Gesundheitswesens ist gekennzeichnet durch sektorale Aufteilung der Leistungsbereiche, ineffiziente Honorierungsformen und der geringen Relevanz evidenz-basierter Behandlungsleitlinien. Änderungen stoßen jedoch auf massiven Widerstand, weil hart erkämpfte Besitzstände nur widerwillig aufgegeben werden. Die 90er Jahre waren daher einerseits durch mehr Wettbewerbsorientierung, andererseits aber auch durch eine Vielzahl zusätzlicher Regulierungen gekennzeichnet.

Der Risikostrukturausgleich (RSA) wurde 1994 in Deutschland eingeführt, um den erheblichen Strukturunterschieden im Versicherungsbestand zwischen den Krankenkassen Rechnung zu tragen.[2] Dies war notwendig, da bei Kassenwahlfreiheit und einkommensabhängigen (also in der Regel nicht risikoadäquaten) Beiträgen die Gefahr bestanden hätte, dass sich diese ungleichgewichtigen Strukturen durch adverse Selektion verschärft hätten: Krankenkassen mit ungünstigem Versicherungsbestand (also tendenziell älteren, kränkeren Personen) würden durch ihren höheren Beitragssatz immer mehr Versicherte an andere Kassen mit risikostrukturbedingt günstigerem Beitragssatz verlieren. Ein Wettbewerb der Krankenversicherungen wäre unter diesen Umständen stark verzerrt.[3]

Der Risikostrukturausgleich war somit ursprünglich geschaffen worden, um dem Solidarprinzip nicht nur für die Gruppe der Versicherten jeder einzelnen Krankenkasse, sondern über die gesamte gesetzliche Krankenversicherung (GKV)

---

[1] *Cassel, D. und Oberdieck, V.* (2002) S. 15.

[2] *Busse, R.* (2001), S. 174.

[3] *Jacobs, K. et al.* (2002).

hinweg Geltung zu verschaffen. Ziel war insbesondere, dass Beitragssatzunterschiede nicht mehr aufgrund differierender Risikoprofile der Versichertengemeinschaften entstehen, sondern aufgrund der unterschiedlichen Wirtschaftlichkeitsbemühungen der Krankenkassen. Die große Zahl von Gerichtsverfahren gegen dieses System[4] zeigt aber, dass eine solche Umverteilung gemessen an diesem Ziel sehr schwierig ist und selbst bei Auswahl relativ simpel zu erfassender Parameter wie Versichertenstatus und Einkommen juristische Nachwirkungen hat.

Derzeit werden im RSA die Variablen Alter, Geschlecht, Einkommen, Zahl beitragsfrei mitversicherter Familienangehöriger und der Bezug von Erwerbsunfähigkeitsrenten einbezogen. Seit 2002 ist zusätzlich auch die Einschreibung in ein beim Bundesversicherungsamt (BVA) akkreditiertes Disease-Management-Programm (DMP) RSA-Kriterium. Nicht ausgeglichen werden dagegen regionale Ausgabenunterschiede, z.B. infolge divergierender Leistungsanbieterstrukturen[5]. Morbiditätsunterschiede in den Versicherungsbeständen bleiben bislang ebenfalls weitgehend unberücksichtigt. Anders als bei dem Ausgleich für Rentner (KVdR) gleicht der Risikostrukturausgleich keine tatsächlichen Ausgabenunterschiede aus, sondern basiert die Berechnungen auf Mittelwerten der einzelnen Versichertenkategorien (z.B. Standardwerte je nach Geschlecht, keine individuellen Ausgabenwerte). Ebenso werden keine freiwilligen Satzungs- oder Ermessensleistungen in den RSA einbezogen.

Der RSA besteht aus zwei wesentlichen Bestandteilen, der Ermittlung des so genannten Beitragsbedarfs und zweitens der Finanzkraft der jeweiligen Krankenkasse. Der Beitragsbedarf ist die Summe der jeweiligen standardisierten Leistungsausgaben der einzelnen 670 RSA-Gruppen[6] multipliziert mit der Anzahl der Versicherten in diesen Gruppen der betreffenden Kasse. Die Finanzkraft einer bestimmten Krankenkasse berechnet sich aus dem Produkt ihrer beitragspflichtigen Einnahmen und dem Ausgleichsbedarfssatz, einem Quotienten aus berücksichtigungsfähigen Leistungsausgaben und beitragspflichtigen Einnahmen der gesamten GKV. Die Differenz zwischen Beitragsbedarf und Finanzkraft ist der Transferbedarf der Krankenkasse in oder aus dem RSA. Für die Ermittlung der standardisierten Leistungsausgaben wird eine Zufallsstichprobe von 4 % aller GKV-Versicherten herangezogen. Die technische Abwicklung des RSA erfolgt durch das Bundesversicherungsamt. Nach dessen Berechnungen

---

[4] *Daubenbüschel, R.* (2001) S. 2.
[5] *Vieregge, D.* (2003) S. 44.
[6] Seit Einführung der Disease Management Programme in den RSA gibt es für jedes DMP separate RSA-Gruppen, also derzeit 4 * 670 Gruppen für kein DMP, DMP Diabetes, DMP KHK, DMP Brustkrebs.

würde der Beitragssatzunterschied ohne Risikostrukturausgleich zwischen der teuersten und der billigsten Krankenkasse mittlerweile etwa 10 % betragen. Tatsächlich ist die Beitragsbedarfspanne auf etwa 2 % gesunken (Abbildung 1). Aber selbst diese Spanne ist nicht allein durch unterschiedliche Verwaltungsausgaben (wenn dies als näherungsweiser Gradmesser der Effizienz einer Krankenkasse akzeptiert werden kann) erklärbar, denn die gesamten administrativen Ausgaben von Krankenkassen liegen weit niedriger als diese Spanne[7].

Abbildung 1

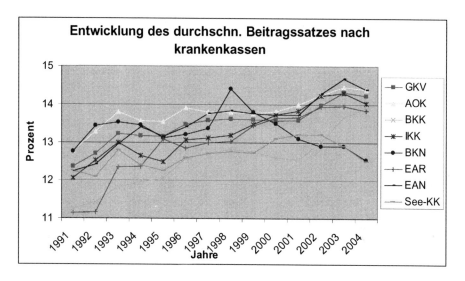

Im Jahr 2004 umfasste der RSA auf der Zahlerseite 13,5 Mrd. €, der hauptsächlich von Betriebskrankenkassen (8,8 Mrd. €) und Ersatzkassen (4,2 Mrd. €) aufgebracht worden ist (Tabelle 1). Auf der Empfängerseite standen insbesondere Ortskrankenkassen (12,5 Mrd. €) sowie die Bundesknappschaft (1,5 Mrd. €). Da in den letzten Jahren die durchschnittlichen Beitragssatzunterschiede zwischen den Kassenarten immer mehr zurückgegangen sind, sank auch der Anreiz zur passiven Risikoselektion (d.h. insbesondere der Anreiz zum Wechseln einkommensstarker Versicherter). Zudem sind die Möglichkeiten der Krankenkassen zur aktiven Risikoselektion durch den Kontrahierungszwang ohnehin sehr be-

---

[7] Im Jahr 2005 betrugen die Netto-Verwaltungsausgaben der Gesetzlichen Krankenversicherung 8,1 Mrd. Euro, was 6,2 % der gesamten Leistungsausgaben entsprach. Dies wiederum entspricht (bezogen auf den durchschnittlichen GKV-Beitragssatz) weniger als einem Beitragssatzpunkt. Vgl. Bundesministerium für Gesundheit (2005) Tabellen 10.6.

grenzt (z.B. auf gezielte Werbemaßnahmen sowie Projekte der integrierten Versorgung bei vermeintlich günstigen Zielgruppen, Bonus- und Selbstbehaltsmodelle).

Tabelle 1: RSA- Zahlungsströme im Jahr 2004 in Mrd. €

	Zahlerkassen	Empfängerkassen	Nettoposition
Ortskrankenkassen	0	12,5	12,5
Betriebskrankenkassen	8,8	0,6	-8,2
Bundesknappschaft	0	1,5	1,5
Angestellten-Ersatzkassen	3,5	0,4	-3,1
Arbeiter-Ersatzkassen	0,7	0,1	-0,6
Innungskrankenkassen	0,5	0,3	-0,2
Seekrankenkasse	0	0	0
Gesamtbetrag	13,5	15,4	1,9*

Quelle: BVA 2006; * u. a. Minijobs 1,8 Mrd. €

Auch in anderen Ländern werden Risikoausgleiche bei der Krankenversicherung durchgeführt, so z.b. in Belgien, Israel und den USA. Die beiden staatlichen amerikanischen Krankenversicherungsdienste Medicare und Medicaid nutzen beispielsweise DRG-ähnliche Systeme, um kostenhomogene Gruppen nach Kriterien wie Diagnose, Schwere der Erkrankung, Alter und Geschlecht zusammenzustellen. Auf dieser Grundlage werden pauschalisierte Honorierungsverfahren (z.B. Capitation) mit Leistungsanbietern abgerechnet. In den Niederlanden wird der Risikostrukturausgleich seit 2004 mittels der Krankenhausdiagnosen und der Häufigkeit der Verschreibung bestimmter Arzneimittel, die auf chronische Erkrankung rückschließen lassen, berechnet[8]. In der Schweiz wurde ein einfacheres RSA-System etabliert, das regional organisiert und ausschließlich auf den Kriterien Geschlecht und Alter aufbaut[9].

Die aktuelle Diskussion in Deutschland zur Zukunft der Finanzierung der GKV, die insbesondere von den Alternativen Kopfpauschale versus Bürgerversicherung geprägt ist (und inzwischen durch zahlreiche Mischmodelle ergänzt worden ist), ist unabhängig von der Diskussion zum RSA zu führen, weil alle diese Modelle weiterhin nicht ohne einen Ausgleich verschiedener Risikostrukturen der Versichertenbestände auskommen. Dies wäre nur bei einer risikoadäquaten Kalkulation der Prämien (wie derzeit schon in der privaten Krankversicherung) denkbar, aber eine solche Finanzierungsalternative steht momentan politisch nicht zur Diskussion, zumal der steuerliche Transferbedarf auf mehr als 40 Mrd.

---

[8] *Lamers, L.* (1999) S. 824-830.
[9] *Beck, K., Spycher, S., Holly, A. und Gardiol, L.* (2003).

Euro jährlich geschätzt wird, wenn man die derzeitigen Durchschnittsbeitrags-
sätze der GKV als Belastungsobergrenze für die Versicherten ansetzt. Aber
selbst ein solches System, das den solidarischen Ausgleich im Steuersystem
vollzieht, käme für als nicht-versicherbar angesehene Risiken (wie z.b. bei Ver-
sicherungsbeginn bereits chronisch Erkrankte) kaum ohne einen gemeinsamen
Pool aller Versicherer aus, der diese Ausgaben in geeigneter Weise auf alle Kos-
tenträger umlegt. Ein wie immer gearteter RSA wäre also in allen Finanzie-
rungsalternativen innerhalb der GKV notwendig.

In den nachfolgenden Abschnitten soll daher der Risikostrukturausgleich bezogen auf Disease Management und Morbiditätsorientierung eingehender diskutiert werden. Den Abschluss bildet ein alternativer Vorschlag für die zukünftige
Ausgestaltung des RSA, der sowohl eine stärkere Risikoorientierung vorsieht als
auch weiterhin Anreize für Krankenkassen belässt, die Ausgaben für das Ver-
sorgungssystem langfristig zu dämpfen.

2. RSA und DMP

Die Kritik an dem derzeitigen Ausgleichssystem in Deutschland ist vielfältig
und setzt u. a. an der fehlenden Morbiditätsorientierung an. Die Einbeziehung
der Disease-Management-Programme seit 2002 (§ 137f SGB V) sollte in diesem
Punkt Abhilfe schaffen, ist aber mit hohem administrativen Aufwand und dem
Anreiz verbunden, dass sich möglichst viele Patienten in diese Programme ein-
schreiben (und nicht unbedingt dass sich die Qualität der Versorgung nachhaltig
bessert). Die Krankenkassen sollen in diesem neuen Versorgungskonzept eine
aktive Rolle bei der Umsetzung evidenz-basierter und qualitätsgesicherter
Leitlinien übernehmen. Auf diese Weise wird erhofft, den durchschnittlichen
Gesundheitszustand chronisch Kranker zu verbessern, den Einsatz beschränkter
Mittel effizienter zu gestalten und so eine niedrigere Inanspruchnahme knapper
Ressourcen im Gesundheitswesen zu erreichen. Die Evidenzbasierung solcher
Aussagen ist bislang allerdings nicht gegeben, da keine publizierten Vergleichs-
studien zum Kostenverlauf über die Lebenszeit vorliegen.

Seit dem 01.01.2003 werden im Risikostrukturausgleich der Gesetzlichen Krankenversicherung (GKV) die Durchführung von Disease-Management-
Maßnahmen für bestimmte Erkrankungen mitberücksichtigt, die vom Koordinie-
rungsausschuss der Spitzenverbände der Krankenkassen und der Leistungserbringer vorgeschlagen und dann vom Bundesgesundheitsministerium festgelegt
wurden. Neben der Empfehlung von Krankheiten, die im Rahmen von Disease-
Management-Programmen beim Risikostrukturausgleich berücksichtigt werden

sollen, ist die Definition von Anforderungen zur Akkreditierung gesetzlich vorgegebene Aufgabe des Koordinierungsausschusses. Außer medizinischen Rah-
menvertragsklauseln können auf diese Weise Vorgaben zur Umsetzung von Behandlungsprogrammen festgelegt werden.

Die Akkreditierung von Disease-Management-Programmen ist Aufgabe des
Bundesversicherungsamtes, das bislang schon für den Risikostrukturausgleich-
Transfer verantwortlich war und „das sich – neben etlichen Consultingunter-
nehmen – durch den notwendigen Aufbau einer neuen Abteilung klar zu den
Gewinnern der Regelungen zählen dürfte."[10] Durch die dargestellte Ausgestaltung bedingt ergeben sich jedoch einige neue Problembereiche:
So sind Alter und Geschlecht als objektive Kriterien noch relativ einfach umsetzbar. Eine Komplizierung durch weitere Kriterien, die zudem schwerer objek-
tivierbar sind (wie das Bestehen einer chronischen Krankheit), kann diese Situation noch verschärfen. Zudem ist nicht nur das Bestehen einer Krankheit Vorraussetzung für die Transferzahlungen, sondern auch die aktive Mitwirkung der
Patienten. Diese ist ungleich schwerer extern zu kontrollieren. Aufgrund dieser
asymmetrischen Informationsverteilung zwischen Krankenkassen und Risiko-
strukturausgleichbürokratie könnte ein Anreiz bestehen, kostengünstig Disease-
Management-Programme ohne echte Qualitätsverbesserung aufzulegen.

Die Kopplung des Risikostrukturausgleichs an Disease-Management-
Programme bedingt zudem einen hohen Kontrollaufwand, da die höheren Zuzahlungen aus dem Ausgleichssystem an die Freiwilligkeit der Teilnahme und
die aktive Mitwirkung der Versicherten geknüpft ist[11]. Das Bundesversicherungsamt prüft stichprobenartig, ob diese Bedingungen erfüllt sind und entscheidet
zudem über die Zulassung dieser Programme zur Teilfinanzierung aus dem Risikostrukturausgleich[12]. Die neuen Aufgaben binden zusätzliche personelle Ressourcen des Bundesversicherungsamtes. Neue administrative Aufgaben entstehen dabei auf 4 Ebenen:

a) Akkreditierung der Disease-Management-Programme beim Bundesversicherungsamt,
b) Dokumentation der Behandlung,
c) Aufbereitung der Daten bei der Krankenkasse,
d) Stichprobenprüfung durch die Landesaufsichtsbehörden.

---

[10] *Busse, R.* (2002) S. 260.
[11] *Brech, W.* (2003) S. 17.
[12] *Lauterbach, K.W. und Wille, E.* (2001) S. 38.

Zu a): Akkreditierung der Disease-Management-Programme beim Bundesversicherungsamt

Die Akkreditierung (und Reakkreditierung nach höchstens 36 Monaten) erfordert mehrere Dutzend zusätzliche Stellen beim Bundesversicherungsamt. Das Bundesversicherungsamt prüft rein formal, ob die in der Rechtsverordnung niedergelegten Anforderungen erfüllt worden sind. Die Entscheidungen sollen dabei sowohl sehr kurzfristig erfolgen (da die Akkreditierung große finanzielle Auswirkungen im Risikostrukturausgleich nach sich zieht), als auch juristisch einwandfrei sein. Aufgrund der Erfahrungen mit dem bisherigen Risikostrukturausgleich werden hier in jedem Falle langjährige juristische Auseinandersetzungen folgen.

Zu b): Dokumentation der Behandlung

Dieser Punkt ist besonders umstritten, da die Machbarkeit der Programme vor allem davon abhängig ist, welcher Aufwand für den behandelnden Arzt damit verbunden ist. Dieses Problem ist in der Folge zudem mit der Höhe der zusätzlichen Vergütung verknüpft. Bei den Modellvorhaben in der Diabetes-Versorgung aus den 90er Jahren bestanden zum großen Teil Probleme gerade wegen dieser Anforderungen[13]. Die elektronische Vereinfachung ist zwar eine Option, aber mit Investitionsbedarf bzw. mit Einschränkungen des Anteils der Leistungserbringer verbunden, der einbezogen werden könnte.

Zu c): Aufbereitung der Daten

Die zur Verarbeitung der Datenfülle notwendige Infrastruktur befindet sich derzeit im Aufbau. Die bisherigen Erfahrungen zeigen, dass die Qualität der Datenlieferung eher heterogen ist. Datenschutzrechtlich ist die Übermittlung der Daten dann unproblematisch, wenn der Versicherte bei Einschreibung in das Programm dieser Vorgehensweise zugestimmt hat. Zunächst wurde allerdings gefordert, dass die Patienten die Daten selbst an die Datensammelstellen liefern oder zumindest bei jeder Folgeuntersuchung ihr schriftliches Einverständnis zur Datenübermittlung geben sollen.

Zu d): Stichprobenprüfung durch die Landesaufsichtsbehörden

Die Landesaufsichtsbehörden (in der Regel die Landessozialministerien) nehmen zusammen mit dem Bundesaufsichtsamt für das Versicherungswesen stichprobenartig Prüfungen vor, ob die Anforderungen in der Praxis umgesetzt sind. Schätzungsweise 2% p. a. der eingeschriebenen Versicherten können auf diese Weise geprüft werden. Diese Stichprobe ist eher klein und kann zu unangemessenen Entscheidungen führen. Die Kassen können (auf eigene Kosten) eine

---

[13] *Trautner, Chr. und Icks, A.* (1996).

Vollerhebung der eigenen Versicherten durchführen. Da der finanzielle Anreiz, Patienten zu gewinnen, für Krankenkassen relativ hoch ist, wird in diesem Zusammenhang diskutiert, vor der Einschreibung der Patienten eine ärztliche Zweitmeinung darüber einzuholen, ob die fraglichen Personen überhaupt für ein bestimmtes Programm in Frage kommen.[14] Dies würde einen hohen administrativen Aufwand bedeuten[15] und die Einschreibequoten tendenziell wegen des gestiegenen Zeitaufwands für Patienten senken. Andererseits lässt sich bei einer nachträglichen Kontrolle der Meldungen zum RSA kaum mehr beurteilen, wie der Gesundheitszustand zum Zeitpunkt der Einschreibung war. Umstritten ist zudem, welche Sanktionen ein „falsches" Einschreiben von Patienten für Krankenkassen haben sollte. So ist es wohl möglich, lediglich die festgestellten Fehler zu korrigieren, wie auch die ermittelte Fehlerquote in der Stichprobe auf den Gesamtbestand der Versicherten hochzurechnen.

Andererseits werden genaue Vorgaben für die Akkreditierung solcher Programme einen Missbrauch in Grenzen halten, wenn auch mit dem Nachteil hoher Kontrollkosten, um Manipulationen zu vermeiden.[16] Zudem ist das Mehrvolumen an Disease-Management-bedingten Ausgaben für den Risikostrukturausgleich dadurch begrenzt, dass nicht jeder chronisch Kranke tatsächlich an solchen Programmen teilnehmen wird. Die initiale Beschränkung der RSA-fähigen Erkrankungen impliziert eine relative Schlechterstellung von Patienten mit anderen Erkrankungen, weil die Beitragsbedarfe aus Zellenmittelwerten errechnet werden. Die geplante Einführung eines morbiditätsorientierten Risikostrukturausgleichs bis zum Jahr 2007 könnte zu einer mittelfristigen Ablösung der Disease-Management-Regelungen bei der RSA-Berechnung führen.[17]

Ob mit der Einbeziehung des BVA der Disease-Management-Programme eine Kompetenzverlagerung von den Ländern (als Aufsichtsbehörden regionaler Krankenkassen) zum Bund verbunden ist[18], ist unwahrscheinlich, da das BVA auch zukünftig nur die Aufsicht über den erweiterten Risikostrukturausgleich übernimmt und die direkte Kassenaufsicht bei den Landesbehörden verbleibt. Umstritten ist weiterhin, ob die Einbeziehung von Disease-Management-Programmen in den Risikostrukturausgleich ordnungspolitisch akzeptabel ist.[19] Der Risikostrukturausgleich ist ein starker Eingriff in die Einkommenshoheit der Krankenkassen und nur durch Wettbewerbsargumente begründbar. Andernfalls

---

[14] *Schmeinck, W.* (2001), S. 384.
[15] *Leidl, R. und Felder, S.* (2005), S. 18.
[16] *Straub, Chr.* (2001) S. A122.
[17] *Jacobs, K. und Häussler, B.* (2002) S. 26.
[18] *Busse, R.:* S.260.
[19] *Jacobs, K.* (2001) S. 255.

wäre die Wettbewerbsposition der Kassen fast ausschließlich von der Versicherungsstruktur bzw. der Fähigkeit zur erfolgreichen Versichertenselektion abhängig. Umstritten ist aber, ob dieses System auch genutzt werden darf, um Anreize an die Krankenkasse zu geben, sich in bestimmter Weise zu verhalten (hier Disease-Management-Programme aufzulegen). Ob z. B. Disease-Management ein sinnvolles Konzept ist, wäre in einem nicht regulierten Markt eine Frage, die sich beim Aufeinandertreffen von Angebot und Nachfrage entscheidet. Die Finanzierung der Behandlungskosten chronisch Kranker, soweit diese in Disease-Management-Programmen versorgt werden, durch Mittel des Risikostrukturausgleichs ist daher keineswegs unumstritten. Befürchtet wird ein Weg in die „Einheitskasse", also ein Aushebeln des Wettbewerbs der Krankenkassen untereinander sowie die Einführung systemfremder Elemente in den Risikostrukturausgleich, der ursprünglich nicht zur direkten Leistungssteuerung vorgesehen war.

Es kann dagegen eingewendet werden, dass die Kassen wenig Veranlassung zu einer Versorgung der chronisch Kranken auf hohem Niveau haben, dass sie im Gegenteil sogar einen Sogeffekt für teure Patienten befürchten müssen, wenn sie attraktive Angebote für diese Personengruppe machen.[20] Dieses Marktversagen könnte eine Regulierung zu Gunsten von Disease-Management (in diesem Falle eine Veränderung der Transferbeträge im Risikostrukturausgleich) rechtfertigen.[21] Andererseits könnten auch Boni für die Verbesserung der gesundheitlichen Versorgung (unabhängig vom gewählten Verfahren, dies zu erreichen) oder GKV-finanzierte Projektpools zu Förderung von DMP Lösungen sein. Eine Neuregulierung des RSA's ist somit nicht die einzige Option, die Ziele zu erreichen.

Ein effektiver Wettbewerb erfordert Handlungsalternativen, beim Disease-Management insbesondere eine Vielfalt der Programme. In Deutschland ist zwar die Ausgestaltung der Disease-Management-Programme im Rahmen der Anforderungsprofile des Koordinierungsausschusses relativ frei möglich. Andererseits bewegen der hohe Zeitdruck und der starke finanzielle Anreiz die Krankenkassen zu weitgehend identischen Verträgen. Die Mehrzahl dieser Verträge werden mit Kassenärztlichen Vereinigungen geschlossen (obwohl dies weder im SGB V noch der RSA-Rechtsverordnung vorgeschrieben ist)[22], was die Einheitlichkeit der Vertragsgestaltung noch weiter erhöht. Eine ordnungspolitisch wünschenswerte Vertragsfreiheit ist somit faktisch kaum gegeben, obwohl gerade durch

---

[20] *Lauterbach, K. W. und Stock, S.* (2001) S. A1935.
[21] Sachverständigenrat zur Begutachtung der gesamtwirtschaftlichen Entwicklung (2002) S. 253.
[22] *Brech, W.* (2003) S. 17.

diese ein ständiger Prozess für Verbesserungen der Versorgungsqualität und - effizienz herbeigeführt werden könnte.

Der Wettbewerb findet im Bereich des Disease-Managements also derzeit nicht um den Durchführungsweg im Sinne eines Entdeckungsverfahrens des besten Programms statt, sondern allenfalls als ein Wettbewerb der Krankenkassen um einen möglichst hohen Anteil im DMP eingeschriebener Versicherter. Möglich wäre eine wettbewerbliche Umsetzung von DMP auf der Anbieterseite mit den gesetzlichen Möglichkeiten der Modelvorhaben (§ 63 SGB V) und der integrierten Versorgung nach §§ 140a ff. Allerdings müssten regional differenzierte Disease-Management-Modelle nach derzeitiger Rechtslage einzeln zertifiziert, evaluiert und rezertifiziert werden, was angesichts der damit verbundenen Entwicklungs-, Verhandlungs-, Implementierungs- und Evaluationskosten kaum realistisch erscheint.[23] Ein derartiger Wettbewerb hätte zudem den Nachteil, dass die flächendeckende Einführung im gesamten Bundesgebiet kaum kurzfristig zu erreichen wäre, sondern sich (wenn überhaupt) sukzessive über Jahre hinziehen würde. Daher ist auch auf der Anbieterseite ein Wettbewerb weder zu erwarten noch politisch gewollt.

AOKen und Ersatzkassen waren in der Vergangenheit zunehmend durch preiswerte Betriebskrankenkassen unter Druck gekommen, weshalb zunächst sogar ein Mindestbeitragssatz vorgesehen war, der im Laufe der Beratungen der Gesundheitsreform 2001 jedoch verworfen wurde. Da besonders AOKen von den Kosten chronischer Erkrankungen betroffen sind, ist der Ausgleich solcher Ausgaben über den Risikostrukturausgleich für diese Versicherungen besonders von Nutzen. Allerdings stellt die Berücksichtigung von Disease-Management-Programmen ein wenig effektives Instrument dar, das Ziel der Beitragsenkung für einzelne Kassenarten zu erreichen: Es ist keinesfalls sicher, dass die Einbeziehung von Disease-Management-Programmen in den Risikostrukturausgleich in nennenswertem Umfang dazu führen wird, dass der Finanztransfer von Kassen mit niedrigem Durchschnittsalter zu Kassen mit älterem Versichertenbestand ansteigen wird. Denn der Ausgleich findet technisch innerhalb der jeweiligen Altersgruppen statt.[24] Wenn es sich bei chronisch Kranken vor allem um ältere Menschen handelt, findet also der Transfer im Rahmen des Risikostrukturausgleichs vorwiegend von Kassen mit älteren Mitgliedern zu anderen Kassen mit ähnlicher Versichertenstruktur statt.[25] Der politisch gewünschte Transfer von

---

[23] *Koring, H.-D.* (2001) S. 375.
[24] *Tophoven, Chr.* (2002) S. 219.
[25] *Jacobs, K. und Häussler, B.* (2002) S. 28.

„jungen" Betriebskrankenkassen an „alte" AOKen und Ersatzkassen wird also aus technischen Gründen kaum erfolgen.[26]

Die Eignung der Disease-Management-Programme als Umverteilungsinstrument ist also fragwürdig.[27] Sie hängt insbesondere von der Mobilisierungsrate der jeweiligen Kasse ab.[28] Gelingt es einer Kasse nicht, zumindest einen durchschnittlichen Anteil ihrer Chroniker für eine Einschreibung zu gewinnen, vergrößert sich ceteris paribus sogar noch der Beitragssatznachteil, da die standardisierten Leistungsausgaben aus dem Risikostrukturausgleich für Nicht-DMP-Versicherte weiter sinken werden. Wenn aber Kassen eine durchschnittliche Mobilisierungsrate erreichen, verbessert sich die Einnahmen- bzw. Beitragsposition.

Disease-Management-Programme waren nur als Einstieg in eine Morbiditätsorientierung des RSA gedacht. Im folgenden Abschnitt sollen die wesentlichen Ergebnisse eines Gutachtens zu verschiedenen, bereits bestehenden Systemen eines so genannten „Morbi-RSA" diskutiert werden.

3. Morbiditätsorientierung des RSA

Eine 3-prozentige Stichprobe aller GKV-Versicherten mit deren individuellen Leistungs-, Bestands-, und Kostendaten für 2001 und 2002 wurden in einem kürzlich erschienenem Gutachten genutzt, um verschiedene bereits vorhandene Modelle in Regressionen auf deren Erklärungswert für die tatsächlichen Krankheitskosten zu prüfen.[29] Dabei wurde ein privates Lizenzmodell aus den USA identifiziert, das mit Hilfe stationärer Diagnosen und der Arzneimittelverordnungen die Morbidität und die damit verbundenen Zusatzkosten abschätzt, um Ausgleichsbeträge korrekt berechnen zu können. Neben diesem Modell werden in dem Gutachten zudem die Abschaffung des Risikopools und ein Managementzuschlag pro eingeschriebenem DMP-Versicherten vorgeschlagen.

Nach ersten Modellberechnungen wären Nutznießer einer solchen Kriterienausweitung des RSA insbesondere die Ortskrankenkassen, während die Ersatz- und Betriebskrankenkassen im Durchschnitt etwas höhere Beitragsätze zu verzeichnen hätten. Das Modell hat insbesondere den Vorteil, dass als Berechnungsgrundlage bei den Krankenkassen bereits vorhandene Daten dienen können. Al-

---

[26] *Thelen, P.* (2002) S. 104.

[27] *Fruschki, H.* (2001) S. 361.

[28] *Schönbach, K. H.* (2001) S. 312.

[29] *IGES, Lauterbach, K. W. und Wasem, J.* (2004).

lerdings ergibt sich ein hochkomplexer Ausgleichsmechanismus und die mortalitätsbedingten Beitragsunterschiede würden weiter sinken, aber auch weiterhin nicht völlig ausgeglichen werden können.

Eine stärkere Morbiditätsorientierung des RSA wird naturgemäß insbesondere von den potentiellen Zahlerkassen stark kritisiert. Ihr Argument, bei einem morbiditätsorientierten RSA fiele jeder Ansatz zu einem Kostenmanagement der Krankenkassen weg, ist so nur teilweise zutreffend, da nicht tatsächliche Kosten, sondern lediglich standardisierte Ausgaben ausgeglichen werden. Die Kassen könnten also durch ein günstiges Leistungsmanagement ein überdurchschnittliches Ergebnis erzielen. Allerdings ist nicht ausgeschlossen, dass wegen verminderter RSA-Zahlungen nur ein Teil des Nutzens solcher Maßnahmen den Kassen tatsächlich zu Gute kommt. Kritisch ist zu sehen, dass der zukünftige RSA mit einer zusätzlichen Förderung für Disease-Management-Programme ausgestattet sein soll, da eine solche Regelung offensichtlich nicht Versorgungsformenneutral ist und zudem eine Doppelförderung der Disease-Management-Programm-fähigen Indikationen durch die Morbiditätsorientierung des RSA sowie die Management-Pauschale gegeben ist.

4. Die Verbindung von Morbiditäts- und Wettbewerbsorientierung – ein alternativer Vorschlag

Um die Anreize zum Kostenmanagement und Prävention nicht zu sehr zu schwächen, sollten die morbiditätsbedingten Ausgabenkomponenten nicht vollständig ausgeglichen, sondern eine angemessene Aufteilung auf den RSA und die Einzelkassen vorgenommen werden, wie dies bereits im Risikopool praktiziert wird, der nur 60 % oberhalb eines bestimmten Stellenwertes abdeckt. Technisch könnte dies so erfolgen, dass die ermittelten Morbiditätszuschläge für einzelne Versichertengruppen nur teilweise über den Risikostrukturausgleich an die betreffenden Kassen ausbezahlt werden würden. Anders als beim Risikopool sollte dies prospektiv erfolgen. Auf diese Weise wäre weiterhin ein hoher Anreiz gegeben, durch ein effektives Leistungsmanagement die tatsächlichen Ausgaben unter den standardisierten RSA-Erstattungsbetrag zu bringen. Bei einem vollständigen Morbiditätsausgleich bestünde sonst die Gefahr, dass mögliche Ausgabensenkungen (z. B. infolge von Verlagerungen stationärer Leistungen in den ambulanten Bereich) durch niedrigere RSA-Erstattungen egalisiert würden und die Kassen kaum mehr Anreize hätten, Einfluss auf eine effizientere Versorgung zu nehmen. Gleichzeitig wären die morbiditätsbedingten Selektionsanreize gegenüber der gegenwärtigen Situation zumindest gemindert. Diese Gefahr besteht selbst in einem prospektiven RSA-System, da Minderausgaben infolge eines gezielten Versorgungsmanagements dazu führen können, dass Versicherte in eine RSA-Zelle eingruppiert werden, die einen geringeren Beitragsbedarf zuweist als die ursprüngliche, was im bisherigen System ausgeschlossen war.

Da derzeit ein weitgehender Konsens besteht, die GKV-Finanzierung nicht auf risikoadäquate Prämien umzustellen, kann der RSA immer nur eine Second-Best-Lösung darstellen, um die allokativen Nachteile nicht-risikobezogener Tarifierung wenigstens teilweise auszugleichen. Durch den oben skizzierten Vorschlag wäre aber das Spannungsverhältnis zwischen dem Selektionsanreiz einerseits und dem vollständigen Ausgabenausgleich (zumindest der standardisierten Kostenprofile) andererseits in einen Ausgleich gebracht.

Betriebswirtschaftlich ist zukünftig bei allen Krankenkassen eine Kostenträger- und Deckungsbeitragsrechnung für einzelne Versichertengruppen erforderlich, um festzustellen, in welchen Bereichen derzeit negative Deckungsbeiträge realisiert werden und wie darauf z. B. im Rahmen integrierter Versorgungsmodelle zielgerichtet reagiert werden kann. Auch dadurch wird zukünftig der administrative Aufwand für die Krankenkassen im Zuge der Neuorientierung des RSA steigen.

Wenn man den RSA als Vorraussetzung für wettbewerbliche Elemente in einem solidarisch finanzierten Gesundheitswesen ansieht, erfordert die Wettbewerbsorientierung mehr Gestaltungsmöglichkeiten der Krankenkassen auf Beschaffungs- und Angebotsseite. Die fast vollständige Standardisierung des Leistungsangebotes der Krankenkassen sowie die einheitliche Vertragsschließung mit den Leistungserbringern erfüllen derzeit diese Anforderungen nicht. Deshalb setzt eine immer weitere Verfeinerung des RSA die falschen Schwerpunkte; Prioritäten für weitere Reformen im Gesundheitswesen sollten unter dem Aspekt von mehr Wettbewerb in anderen Bereichen gesetzt werden. Um zukünftig Verzerrungen in der Versorgunkstruktur zu vermeiden, sollte ein morbiditätsorientierter RSA auch ambulante Behandlungsparameter umfassen und nicht nur auf stationäre Diagnosen und Arzneimittelverordnungen konzentriert sein. Die Umstellung auf neue Vergütungsformen könnte es zukünftig erleichtern, Datengrundlagen für diese erweiterte Form des RSA zu schaffen. Es ist allerdings derzeit verfrüht, abschließend zu beurteilen, ob dies eine realistische Option darstellt.

Es besteht weitgehende Einigkeit, dass Wettbewerb der GKV nicht ausschließlich auf Risikoselektion abzielen, sondern Anreize zum Kosten- und Leistungsmanagement setzten sollte. Um die neue Herausforderung anzunehmen, müssen alle Kassen ihre Management- und Kooperationsfähigkeiten stärken. Dazu ist Personal notwendig, das das notwendige Verhandlungsgeschick sowie gesundheitsökonomische Grundkenntnisse besitzen sollte und von den Leistungsanbietern akzeptiert wird. Diese Vorraussetzungen müssen teilweise erst noch geschaffen werden.

Literatur

Beck, K., Spycher, S., Holly, A. und Gardiol, L.:
    Risk Adjustment in Switzerland. Health Policy, Nr 65, 2003: 63-74
Brech, W.:
    Good will ex cathedra? Wissenschaft und politische Entscheidungspro-
    zesse, in: Forum für Gesundheitspolitik, 9. Jg. 2003: 15 - 18
Bundesministerium für Gesundheit (Hrsg.):
    Statistisches Taschenbuch Gesundheit 2005, Bonn 2005
Busse, R.:
    Risk structure compensation in Germany's statutory health insurance, in:
    European Journal of Public Health, Vol. 11, 2001: 174 - 177
Busse, R.:
    German Health care reform – Vademecum for confused outsiders, in: Fo-
    rum für Gesundheitspolitik, 8. Jg. 2002: 258 - 260
Cassel, D. und Oberdieck, V.:
    Kapitaldeckung in der Gesetzlichen Krankenversicherung, in: Wirt-
    schaftsdienst, 82. Jg. 2002: Heft 1 15 - 22 (hier: 15)
Daubenbüchel, R.:
    Kassenwettbewerb, RSA und Versorgungsmanagement – aus Sicht des
    Bundesversicherungsamtes (BVA), in: Kennzeichen BKK, Oktober 2001:
    1 - 4
Fruschki, H.:
    Nur ein Pyrrhussieg? – Disease-Management-Programme lösen die Prob-
    leme des Risikostrukturausgleich nicht, in: Forum für Gesundheitspolitik,
    7. Jg. 2001: 360 - 364
IGES, Lauterbach, K.W. und Wasem, J.:
    Klassifikationsmodelle für Versicherte im Risikostrukturausgleich – End-
    bericht im Auftrag des BMGS, Berlin 2004
Jacobs, K. und Häussler, B.:
    Disease-Management im künftigen Kassenwettbewerb, in: Gesundheit
    und Gesellschaft (G+G), 2. Jg. 2002: Nr.1 24 - 30
Jacobs, K.:
    Konsens vor Konsistenz?, in: Forum für Gesundheitspolitik, 7. Jg.
    2001: 253 – 278
Jacobs, K., Reschke, P., Cassel, D. und Wasem, J.:
    Zur Wirkung des Risikostrukturausgleichs in der gesetzlichen Kranken-
    versicherung. Eine Untersuchung im Auftrag des Bundesministeriums für
    Gesundheit, Baden-Baden 2002

38

Koring, H.-D.:
Umverteilung im Risikostrukturausgleich – Stimulus zur Verbesserung der Versorgung chronisch Kranker?, in: Forum für Gesundheitspolitik, 7. Jg.: 2001: 374 – 376

Lamers, L.:
Pharmacy Costs groups: A Risk-adjuster for Capitation payments based on the Use of Prescribes Drugs. Medical Care, 37, Nr. 8: 824 – 830

Lauterbach, K. W. und Stock, S.:
Disease Management wird aktiviert , in: Deutsches Ärzteblatt, Vol. 98 2001: A1935 – 1937

Lauterbach, K. W. und Wille, E.:
Stellungnahme zum Beitrag „Unbeantwortete Fragen zum Disease Management" von Häussler et al., in: Arbeit und Sozialpolitik, Heft 9 – 10 2001: 38f.

Leidl, R. und Felder, S.:
Morbiditätsorientierter Risikostrukturausgleich und Versorgungseffizienz, in: RPG, Vol. 11 (2005), Nr. 1, S. 10 – 19

Sachverständigenrat zur Begutachtung der gesamtwirtschaftlichen Entwicklung:
Zwanzig Punkte für Beschäftigung und Wachstum, Jahresgutachten 2002/2003, Metzler-Poeschel, Stuttgart 2002: 253

Schmeinck, W.:
Disease-Management-Programme im Risikostrukturausgleich, in: Forum für Gesundheitspolitik, 7.Jg. 2001: 384 – 385

Schönbach, K. H.:
Disease-Management-Programme im Risikostrukturausgleich der gesetzlichen Krankenversicherung, in: Die BKK, heft 7, 2001: 311 – 317

Straub, Chr.:
Disease-Management-Programme als Teil des Risikostrukturausgleichs in der gesetzlichen Krankenversicherung?, in: Gesundheitsökonomie und Qualitätsmanagement, Vol 6, 2001: A121 – 122

Thelen, P.:
Ulla Schmidt bis zu den Wahlen tatenlos, in: f&w, 19. Jg., Heft 2, 2002: 104f.

Tophoven, Chr.:
Operativ erfolgreiche Disease-Management-Programme oder das Primat des Zumutbaren, in: Die Krankenversicherung, Juli/August 2002: 219 – 224

Trautner, Chr. Und Icks, A.:
Evaluation und Modellvorhaben zur Verbesserung der Versorgung bei Diabetes, in: Braun, W. und Schaltenbrand, R. (Hrsg.): Qualitätssiche-

rung, Pharmaökonomie und Disease Management, Berichtsband zum 3. Symposium, Witten, 1996: 173 – 176

Vieregge, D.:
Rückversicherung als Instrument zur Verbesserung der Risikoallokation in der gesetzlichen Krankenversicherung – Eine Untersuchung im Rahmen der Reform des Risikostrukturausgleichs, Verlag VVW, Karlsruhe 2003

Gegenwärtige Konstruktion des Risikostrukturausgleichs und alternative Entwicklungslinien

von Rainer Daubenbüchel und Dirk Göpffarth

1. Einführung

Der Veranstalter hat wieder einmal bei der Auswahl des Themas der Speyerer Gesundheitstage ein glückliches Händchen bewiesen. Die Finanzierungsreform der GKV sorgt fast täglich für neue Schlagzeilen und auch die Weiterentwicklung des Risikostrukturausgleichs (RSA), die nach dem in § 268 SGB V vorgegebenen Zeitplan eigentlich in der entscheidenden Umsetzungsphase sein sollte, ist noch Gegenstand der Diskussion. Die Frage, ob die vom Veranstalter vorgenommene Verknüpfung der beiden Themen auch sachlich trägt, soll am Ende des Beitrages beantwortet werden.

In diesem Beitrag wird zunächst auf die gegenwärtige Konstruktion des RSA eingegangen. Dabei werden die bereits umgesetzten Komponenten der RSA-Reform aus dem Jahr 2000 – der Risikopool und die strukturierten Behandlungsprogramme – genauso angesprochen, wie die inzwischen erfolgte höchstrichterliche Rechtsprechung zum RSA. Bei den alternativen Entwicklungslinien geht es zunächst um die Weiterentwicklung des Beitragsbedarfsausgleichs durch eine direkte Morbiditätsorientierung. Anschließend werden die möglichen Auswirkungen einer Finanzreform auf den Risikostrukturausgleich – hier geht es um die Ausgestaltung des Finanzkraftausgleichs – anhand ausgewählter Reformmaßnahmen dargestellt.

2. Gegenwärtige Konstruktion des Risikostrukturausgleichs

2.1 Ausgleichsfaktoren und Ausgleichsvolumen

Zunächst kann man sich die Frage stellen: Warum gibt es überhaupt einen RSA in der gesetzlichen Krankenversicherung (GKV)? Auf der Suche nach den Gründen wird man schnell auf das Ergebnis stoßen, dass in der GKV enge Vorgaben existieren, die die „Preisentscheidung" der Krankenkassen einschränken. Die Beiträge sind einkommensabhängig auszugestalten, Risikozuschläge – wie man sie zum Beispiel von der privaten Krankenversicherung (PKV) kennt – sind nicht zulässig und es gibt die beitragsfreie Familienversicherung. Diese Solidaraufgaben sollen gemäß § 1 Abs. 1 SGB V von der GKV als Solidargemeinschaft getragen werden. Hierdurch werden die drei Ausgleichstatbestände des Risikostrukturausgleichs definiert:

• Unterschiede in den beitragspflichtigen Einnahmen der Mitglieder,

• Unterschiede in der Belastung durch unentgeltlich mitversicherte Familienangehörige,

• Unterschiede in der Belastung durch die Morbidität der Versicherten.

Abbildung 1

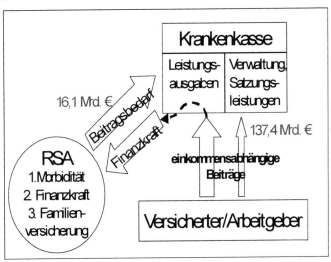

Der Ausgleich der ersten beiden Faktoren geschieht im Rahmen des Finanzkraftausgleichs, der Ausgleich des letzten Faktors im Rahmen des Beitragsbedarfsausgleichs.

Bei der Weiterentwicklung des RSA geht es vor allem um die Frage, an welchen Faktoren Unterschiede in der Morbidität festgemacht werden. Bei der Einführung im Jahr 1994 beschränkte man sich auf die Faktoren Alter, Geschlecht und den Bezug einer Erwerbsminderungsrente. Dies war damals schon eine datentechnische Herausforderung: Die Krankenkassen kannten kaum die Zahl ihrer Familienversicherten, geschweige denn ihre Alters- und Geschlechtsstruktur.

Es ist aber auch bekannt, dass diese drei Faktoren allenfalls 6 bis 7 % der Varianz in den Gesundheitsausgaben erklären können (Reschke et al. 2005: 182). Dies reicht aber nicht aus, die unterschiedlichen Belastungen der Krankenkassen ausreichend auszugleichen, so dass erhebliche Anreize zur Risikoselektion verbleiben. Bis zur direkten Erfassung der Morbidität über Diagnosen und Verordnungen hat der Gesetzgeber eine stärkere Morbiditätsorientierung über die Berücksichtigung einer Einschreibung in ein strukturiertes Behandlungsprogramm vorgesehen.

Abbildung 2

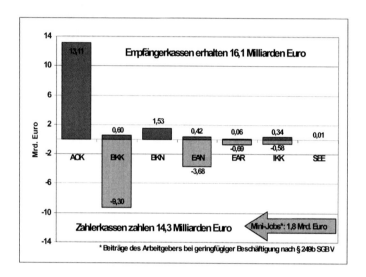

Die Zahlungsströme im gegenwärtigen Verfahren sind in Abbildung 1 wiedergegeben. Die Versicherten und die Arbeitgeber entrichten – seit dem Juli 2005 mit der Besonderheit des Sonderbeitrages in Höhe von 0,9 Beitragssatzpunkten – paritätisch einkommensabhängige Beiträge an die Krankenkassen. Insgesamt kam im Jahr 2004 so ein Volumen von 137,4 Milliarden Euro zusammen. Hiervon deckt ein Teil die nicht im RSA berücksichtigungsfähigen Ausgaben, d.h. die Verwaltungsausgaben und die Satzungs- und Mehrleistungen, ab. Der größere Teil – 125,7 Milliarden Euro – werden in den RSA einbezogen. Er stellt die Finanzkraft dar, den die Krankenkassen dem RSA zur Verfügung stellen. Nach den drei oben diskutierten Kriterien werden diese Mittel umverteilt und als Beitragsbedarf wieder ausgeschüttet. Die tatsächliche Zahlung einer Krankenkasse ergibt sich als Saldo ihrer Finanzkraft und ihres Beitragsbedarfs. Diese saldierten Zahlungsströme machten im Jahresausgleich 2004 insgesamt – RSA und Risikopool – 16,1 Milliarden Euro aus.[1]

Auf die einzelnen Kassenarten heruntergebrochen sehen die Transfers wie folgt aus (Abbildung 2): Auf der Empfängerseite dominieren die Ortskrankenkassen mit rund 13,1 Milliarden Euro und die Knappschaft mit 1,5 Milliarden Euro. Auf der Zahlerseite sind die Betriebskrankenkassen mit 9,3 Milliarden Euro, die Ersatzkassen mit 4,4 Milliarden Euro und die Innungskrankenkassen mit 0,6 Milliarden Euro beteiligt. In diesen Kassenarten gibt es aber nicht nur Zahlerkassen, sondern auch einzelne Empfängerkassen.

Die Knappschaft wird als Empfängerkasse mit unterdurchschnittlichem Beitragssatz gelegentlich als Beispiel für Fehlsteuerungen im RSA herangezogen. Diese Betrachtungsweise ist etwas verkürzt, da sie das vielschichtige Ursachengeflecht für den Beitragssatz der Knappschaft vernachlässigt. Hier ist auch die Verwaltungsgemeinschaft mit der knappschaftlichen Rentenversicherung zu nennen, die zu einem Verwaltungskostenvorteil führt, der seit dem Jahr 2004 schrittweise abgebaut wird. Zudem profitiert die Knappschaft erheblich vom System der Kopfpauschalen bei der Vergütung ärztlicher Leistungen; dieser Vorteil wird erst durch die Regelleistungsvolumina behoben werden. Nicht zuletzt ist der gegenwärtige Beitragssatz der Knappschaft nicht kostendeckend, sondern dient der Vermögensabschmelzung.

2.2 Weiterentwicklung des Risikostrukturausgleich – RSA-Reform 2000

Die Beitragsbedarfszuweisungen aus dem RSA ergeben sich aus den nach den RSA-Faktoren standardisierten Leistungsausgaben. Diese haben einen typischen mit dem Alter steigenden Verlauf. Hieraus ergibt sich, dass die Zuweisungen aus dem RSA für Krankenkassen, deren Versicherte älter sind, höher sind als für Krankenkassen mit einer jüngeren Klientel. Abgesehen von den Faktoren Geschlecht und dem Bezug einer Erwerbsminderungsrente wurden diese standardisierten Leistungsausgaben bis zum Jahr 2002 nicht weiter differenziert. Für einen gesunden 65-jährigen Mann gab es also denselben Beitragsbedarf wie für einen chronisch kranken Gleichaltrigen. Die Folgen dieser fehlenden Differenzierung wurden im Rahmen der RSA-Reform des Jahres 2000 diskutiert.

---

[1] Die Höhe des Transfervolumens wird häufig als Beurteilungskriterium für den RSA herangezogen. Dies ist kritisch zu sehen. Das Bundesverfassungsgericht hat hierzu erkannt: „Hohe Transfersummen im Risikostrukturausgleich sind kein Indikator für sein Versagen, sondern für dessen Notwendigkeit. Sie zeigen an, wie unterschiedlich die Verteilung der Versicherten nach den ausgleichserheblichen Kriterien zwischen den einzelnen Krankenkassen nach wie vor ist" (BVerfG, 2 BvF 2/01 vom 18.7.2005, Tz. 237).

Insgesamt drei Gutachterteams beschäftigten sich damals mit der Wirkung des RSA. Alle kamen zum Schluss, dass sich der RSA im Grundsatz bewährt habe, dass aber aus der unzureichend genauen Erfassung der Morbidität Probleme entstehen. Zwei Aspekte wurden damals diskutiert: Der RSA setze

- falsche Anreize für die Versorgung chronisch Kranker und

- falsche Beitragssignale im Wettbewerb um Versicherte.

Am Ende wurde ein Maßnahmenpaket aus zwei kurzfristigen und einer mittelfristigen Maßnahme geschnürt. Kurzfristig wurden die strukturierten Behandlungsprogramme (DMP) in den RSA integriert und ein ergänzender Risikopool eingeführt, mittelfristig wurde die direkte Morbiditätserfassung im RSA beschlossen.

Die Einbindung der DMP bedeutet, dass der Beitragsbedarf für eingeschriebene chronisch Kranke getrennt – d.h. in ihrer jeweiligen durchschnittlichen Ausgabenhöhe – berechnet wird. Im Jahresausgleich 2004 bedeutete dies, dass eine Krankenkasse für jeden eingeschriebenen Diabetiker eine Zuweisung von durchschnittlich 4.390 Euro erhielt, für eine eingeschriebene Brustkrebs-Patientin sogar 6.104 Euro. Im Vergleich: Für nicht-eingeschriebene Versicherte gab es knapp 1.700 Euro. Aufgrund ihres überdurchschnittlichen Alters hätten die jetzt eingeschriebenen Diabetiker ohne gesonderte Berücksichtigung 3.102 Euro erhalten, die Brustkrebs-Patientinnen aufgrund des jüngeren Durchschnittsalters sogar nur 2.575 Euro. Dieser erhöhte Beitragsbedarf für DMP-Versicherte muss natürlich durch eine Absenkung des Beitragsbedarfs für Nicht-DMP-Versicherte finanziert werden. Im Jahresausgleich 2004 machte diese Absenkung knapp 20 Euro je Versicherten aus. Die DMP-Regelung zeigt beispielhaft für ausgewählte Krankheiten auf, wie groß die Unterschiede in den Ausgaben zwischen Gesunden und (chronisch) Kranken sind. Die Ausweitung auf alle – d.h. auch nichteingeschriebene – chronisch Kranke und auf ein umfassendes Morbiditätsspektrum ist im Rahmen der direkten Morbiditätsorientierung vorgesehen.

Die zweite Maßnahme des Reformpaketes – der Risikopool – bedeutet eine solidarische Finanzierung besonders aufwändiger Leistungsfälle. Im Großen und Ganzen hat der Risikopool zumindest auf Kassenartenebene nur geringe Beitragssatzeffekte, allerdings gibt es einzelne Krankenkassen, bei denen es zu bemerkenswerten Effekten in einer Spanne von +0,4 bis -0,6 Beitragssatzpunkten kommt.

2.3 Höchstrichterliche Rechtsprechung zum RSA

Das bislang bestehende System des RSA ist aufgrund einer Vielzahl von Klagen, insbesondere gegen die einzelnen Jahresausgleiche, Gegenstand einer auch höchstrichterlichen Überprüfung gewesen. Dabei haben die grundlegenden Entscheidungen des Bundessozialgerichts vom Januar 2003 und des Bundesverfassungsgerichts vom Juli 2005 bestätigt, dass die Regelungen der Risikostruktur-Ausgleichsverordnung (RSAV) mit dem Grundgesetz und europäischem Recht vereinbar sind.

Die Gerichte haben dem Gesetzgeber vielmehr bei komplexen Sachverhalten wie diesem zugebilligt, sich mit gröberen Typisierungen und Generalisierungen begnügen zu dürfen. In einem gewissen Zeitrahmen darf er Erkenntnisse und Erfahrungen sammeln, auch wenn damit Härten und auch Ungerechtigkeiten einhergehen.

Dem Gesetz- und Verordnungsgeber und dem Bundesversicherungsamt als Durchführungsbehörde werden von Seiten des Bundessozialgerichts allerdings für die Neueinführung und Weiterentwicklung der Ausgleichsinstrumente auch Bedingungen oder – wie es das Bundessozialgericht nennt – „Hinweise" an die Hand gegeben. Hierzu zählen die Förderung der Transparenz durch vereinheitlichte Prüfverfahren der Aufsichtsbehörden sowie die Einführung von Sanktionsmöglichkeiten bei falschen Datenmeldungen der Krankenkassen. Diese Hinweise greift nunmehr das neue Prüfverfahren des § 15a RSAV auf.

Nach einem von den Prüfdiensten des Bundes und der Länder entwickelten, einheitlichen Prüfleitfaden werden besonders finanzwirksame und damit RSA-relevante Datenmeldungen geprüft. Kernelement der Regelung ist die Ermächtigung, eine durch die Prüfungen festgestellte Quote fehlerhafter oder nicht plausibler Fälle hochzurechnen und den auf Grund dieser Hochrechnung ermittelten Korrekturbetrag gegenüber der betroffenen Krankenkasse geltend zu machen. In einem ersten Prüfturnus wurden die Versichertenzeiten und die Beitragsfestsetzung im Jahresausgleich 2001 sowie die Meldungen zum Risikopool für das Jahr 2002 überprüft. Von den in den Jahren 2004 und 2005 durch die Prüfdienste des Bundes und der Länder vorgenommenen 460 Prüfungen (Krankenkassen, die sowohl im Osten wie auch im Westen tätig sind, werden getrennt erfasst) im Bereich Versichertenzeiten hatten 73 (=15,9 Prozent) einen Korrekturbetrag ergeben. Die Gesamthöhe der Korrekturbeträge belief sich auf rund 45,9 Millionen Euro. Im Bereich Risikopool wurden 367 Prüfungen vorgenommen, bei denen bei 77 (=21,0 Prozent) ein Korrekturbedarf in Höhe von ca. 19,3 Millionen Euro ermittelt wurde.

Sowohl das Bundessozialgericht als auch das Bundesverfassungsgericht sehen eine Pflicht des Gesetzgebers, „die weitere Entwicklung zu beobachten und gegebenenfalls nachzubessern" (BVerfG, 2 BvF 2/01 vom 18.7.2005, Tz. 185, ähnlich auch BSG, B 12 KR 19/01 R, Tz. 111). Dieser Pflicht sei der Gesetzgeber mit der Weiterentwicklung des RSA zu einem direkten Morbiditätsausgleich nachgekommen, da „[d]er gegenwärtige Risikostrukturausgleich [...] wegen seiner mittelbaren Morbiditätsorientierung nur bedingt in der Lage [ist], den Solidarausgleich zwischen Gesunden und Kranken zu gewährleisten" (BVerfG, a.a.O., Tz. 262). Gegen die Weiterentwicklung bestehen daher aus Sicht der Bundesverfassungsgerichts keine verfassungsrechtlichen Bedenken.

3. Direkte Morbiditätsorientierung im RSA

3.1 Funktionsweise

Um die Beitragsbedarfszuweisungen zielgenauer auszugestalten, hat der Gesetzgeber in § 268 SGB V vorgesehen, dass der RSA zukünftig „die Morbidität der Versicherten auf der Grundlage von Diagnosen, Diagnosegruppen, Indikationen, Indikationengruppen, medizinischen Leistungen oder Kombinationen dieser Merkmale unmittelbar berücksichtigen" (Abs. 1 Nr. 1) soll.

Das hierzu vom BMG in Auftrag gegebene Gutachten (Reschke et al. 2005) schlägt vor, neben den bisherigen soziodemographischen RSA-Merkmalen zusätzlich sämtliche ambulant zu Lasten der GKV verordnete Arzneimittelwirkstoffe und sämtliche dokumentierte Krankenhausdiagnosen heranzuziehen. Die Gutachter schlagen vor, ein an deutsche Verhältnisse angepasstes amerikanisches Klassifizierungssystem (IPHCC + RxGroups) in einem prospektiven Verfahren einzuführen. Damit werden die Arzneimittelverordnungen und stationären Diagnosen nicht mit den Ausgaben desselben Jahres verknüpft, sondern mit den Ausgaben des Folgejahres. Ein unmittelbarer Bezug zur tatsächlichen Inanspruchnahme ist daher im prospektiven Verfahren nicht gegeben.

Bei der direkten Morbiditätsorientierung geht es nicht um eine Ausweitung des RSA, sondern um eine versicherungstechnisch bessere Erfassung der Risiken. Eine stärkere Morbiditätsorientierung bleibt notwendig, um die Anreize zur Versorgung chronisch Kranker zu stärken und die richtigen Beitragssatzsignale im Kassenwettbewerb zu setzen. Dies gilt insbesondere, wenn eine stärkere wettbewerbliche Orientierung der Krankenkassen gewünscht wird, da hiermit den Krankenkassen neue Instrumente gegeben werden, die nicht nur eingesetzt werden können, um Qualität und Wirtschaftlichkeit der Versorgung zu verbessern, sondern die auch geeignet sind, Risikoselektion zu betreiben. Damit Krankenkassen Beitragssatzvorteile nicht einfacher durch Risikoselektion erreichen können als durch Bemühen um effiziente Verwaltung und optimierte Versorgung, ist ein leistungsfähiger RSA als Ordnungsrahmen notwendig.

Die Funktionsweise eines direkt morbiditätsorientierten RSA kann anhand eines Beispiels erläutert werden (vgl. Tabelle 1). Im Status-Quo-RSA gibt es für eine 62-jährige Frau unabhängig von Gesundheitszustand immer denselben Beitragsbedarf in Höhe von 1.757 Euro. Nur für den Fall, dass die Frau an Diabetes er-krankt ist und sich in ein strukturiertes Behandlungsprogramm eingeschrieben hat, erhöht sich die Zuweisung auf rund 2.600 Euro. Bei einer direkten Morbidi-tätsorientierung gäbe es einen Grundbeitragsbedarf nach Alter und Geschlecht, der aber in der Höhe sehr viel geringer ausfällt als gegenwärtig. Zusätzlich zu diesen 517 Euro kommen für die einzelnen festgestellten Krankheitsbilder des Vorjahres Zuschläge. Diese Zuschläge können auch kombiniert werden, um Ko-Morbiditäten zu erfassen. Die Parallele zur Finanzierung der PKV – Basisprä-mie nach Alter und Geschlecht plus Risikozuschläge für Vorerkrankungen – kommt nicht von ungefähr: Ziel des RSA ist es gerade, einen fairen Wettbewerb zwischen den Krankenkassen zu ermöglichen, indem die einkommensabhängi-gen Beiträge der Mitglieder in risikoäquivalente Prämien aus Sicht der Kran-kenkassen umgewandelt werden.

Tabelle 1: Beispiel für Morbiditätszuschläge

Beispiel	Status-Quo-RSA	IPHCC-RxGroups
weiblich, 62 Jahre, gesund	1.757 €	Basis: 517 € keine Zuschlag
weiblich, 62 Jahre, Diabetes (Insulin)	Nicht-DMP: 1.757 € DMP: 2.599 €	Basis: 517 € Zuschlag: 2.405 €
weiblich, 62 Jahre, Multiple Sklerosis	1.757 €	Basis: 517 € Zuschlag: 8.400 €

Quelle: Reschke et al. (2005), eigene Berechnungen

3.2 Kritikpunkte überzeugen nicht

Gegen eine direkte Morbiditätsorientierung im RSA wird häufig eingewandt, dass die Krankenkassen hierdurch ein Interesse an einer höheren Morbidität er-hielten und daher medizinisch nicht gerechtfertigte Leistungsausweitungen bei ihren Versicherten veranlassen könnten (Malin et al. 2006, BKK-Beirat 2006). Des weiteren würde der RSA nach Ansicht der Kritiker bürokratischer und intransparenter. Beide Kritikpunkte vermögen nicht zu überzeugen.

Zunächst muss betrachtet werden, wie eine Krankenkasse überhaupt eine höhere Zuweisung aus dem RSA erreichen könnte. Grundsätzlich können Fehlanreize nur dann entstehen, wenn der für die Folgekosten entrichtete Morbiditätszu-schlag höher ist als die Vergütung der auslösenden Behandlung, d.h. der De-ckungsbeitrag zunimmt. Im prospektiven Verfahren liefe die Krankenkasse Ge-fahr, die Rechnung an den Leistungserbringer bezahlen zu müssen, aber keinen zusätzlichen Beitragsbedarf zu erhalten, wenn der Versicherte im Folgejahr gar nicht mehr bei der Krankenkasse versichert ist (vgl. Daubenbüchel und Göpffarth 2005).

Im prospektiven Modell verliert auch die häufig heraufbeschworene Gefahr, die Versorgungsneutralität könnte verletzt werden, ihre Gültigkeit. Da die Kosten der auslösenden Krankenhausbehandlung nicht in die Zuschläge fließen, werden ambulante und stationäre Behandlungsformen nur dann – zu Recht – unterschiedlich bewertet, wenn sie unterschiedliche Folgekosten aufweisen. Krankenkassen haben zudem keinen Anreiz darauf einzuwirken, dass jeder Arztbesuch zu einer Arzneimittelverordnung führt, weil nur bei Krankheiten mit signifikanten Folgekosten ein Zuschlag ausgelöst würde. Signifikante Folgekosten sind jedoch nur bei chronisch bzw. langfristig Kranken zu erwarten, und hier ist auch davon auszugehen, dass sie eine medikamentöse Therapie grundsätzlich brauchen.

Auch würde eine Krankenkasse von einer generellen Mehrverordnung bzw. upcoding nicht profitieren, da dies zu einem Rückgang der Zuschläge führen würde. Vielmehr muss die Krankenkasse eine Mehrverordnung für ihre eigenen Versicherten erreichen, für Versicherte anderer Krankenkassen aber verhindern. Unter realistischen Rahmenbedingungen kann hiervon aber nicht ausgegangen werden (Glaeske et al. 2006). Dies liegt nicht nur daran, dass sich kein gleichgerichtetes Interesse von Krankenkassen und Leistungserbringern ergibt, sondern auch daran, dass in einem wettbewerblichen Gesundheitswesen die konkurrierenden Interessen der verschiedenen Akteure schnell zu einer Offenlegung solcher Strategien führen würden. Nicht zuletzt darf die Anpassungsfähigkeit des Klassifikationsmodells und die Möglichkeit, auch kurzfristig auf Fehlentwicklungen zu reagieren, nicht unterschätzt werden.

Bezüglich der Bürokratie- und Intransparenz-Kritik ist richtig, dass der Zuordnungsalgorithmus von den Diagnosen und Verordnungen zu den Morbiditätskategorien komplizierter ist als ein „Zuordnungsalgorithmus" zu Alter und Geschlecht. Dasselbe Argument müsste dann aber auch gegen DRGs und Regelleistungsvolumina geltend gemacht werden. So wie der Zuordnungsalgorithmus zu den DRGs öffentlich zugänglich und Gegenstand einer Fachdiskussion ist, muss dies auch für den Zuordnungsalgorithmus im Risikostrukturausgleich gelten. Dasselbe gilt für die Berechnung der Morbiditätszuschläge auf der Basis einer Regressionsrechnung. Hierdurch werden die zur Zeit 3.015 RSA-Zellen durch ein übersichtliches System von etwa 300 Morbiditätszuschlägen abgelöst. Auch die Datenerfassung wird einfacher, da der RSA-Zellen-Bezug durch einen Versichertenbezug abgelöst wird. Die verwendeten Daten liegen alle bei den Krankenkassen vor und sind auch Gegenstand der Abrechnungs- und Wirtschaftlichkeitsprüfungen. Über diese Verfahrenstransparenz hinaus wird die direkte Morbiditätsorientierung mehr Kosten- und Leistungstransparenz erzeugen, ähnlich wie die DRGs mehr Transparenz in das stationäre Leistungsgeschehen bringen und sinnvolle Krankenhausvergleiche erst ermöglichen. Es ist auch kein aufwändiges Kassenwechsler-Meldeverfahren notwendig. Die bis zum ersten Jahresausgleich eingeführten einheitlichen Krankenversichertennummern können mit Hilfe geeigneter Verfahren so pseudonymisiert werden, dass die Datensätze vom Bundesversicherungsamt ohne gesondertes Verfahren zusammengefügt werden können.

4. Finanzierungsreform: Auswirkungen ausgewählter Reformmaßnahmen auf den RSA

4.1 Einführung von Gesundheitsprämien

Bei der Finanzierungsreform wird diskutiert, die gegenwärtigen einkommensabhängigen Beiträge durch Gesundheitsprämien zu ersetzen, die vom Alter, Geschlecht, Gesundheitszustand und Einkommen des Versicherten unabhängig sind. Der bisher durch die einkommensabhängigen Beiträge bewirkte Einkommensausgleich zwischen den Versicherten würde auf das Steuer-Transfer-System verlagert. Da hierdurch die Einnahmesituation der Krankenkassen unabhängig von der Einkommenssituation ihrer Mitglieder wird, entfällt im RSA der Ausgleich in Bezug auf die Höhe der beitragspflichtigen Einnahmen (Finanzkraftausgleich). Der Beitragbedarfsausgleich wäre hingegen unberührt.

Auf Basis der Rechnungsergebnisse des Jahres 2004 können die Auswirkungen abgeschätzt werden. Bei Gesamtausgaben von 135 Milliarden Euro und rund 70 Millionen GKV-Versicherten ergäbe sich eine durchschnittliche Prämie je Versicherten von 161 Euro pro Monat (Abbildung 3). Sollte weiterhin am Kassenwettbewerb festgehalten werden, so würde die Prämie den Beitragssatz als Wettbewerbsparameter ersetzen. Jede einzelne Krankenkasse würde also eine kassenindividuelle Prämie berechnen und ersetzen.

Ohne Risikostrukturausgleich würden die unterschiedlichen ausgabenseitigen Risikostrukturen der Krankenkassen voll auf die Prämie durchschlagen. Die Spanne der ausgabendeckenden Prämie läge zwischen rund 60 Euro und knapp 240 Euro (Abbildung 4). Krankenkassen könnten Prämienvorteile leichter durch Risikoselektion erreichen als durch eine optimierte Versorgung oder eine effiziente Verwaltung.

Abbildung 3: Finanzströme im Grundmodell der Gesundheitsprämie

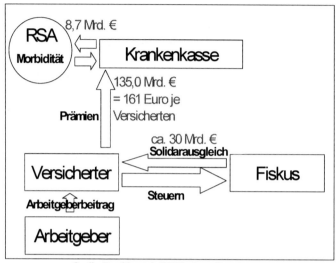

Quelle: Reschke et al. (2005), eigene Berechnungen

Abbildung 4: Prämienspanne mit und ohne RSA

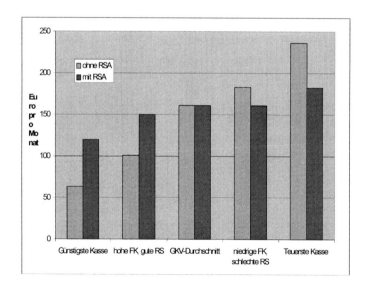

In einem Prämienmodell mit Risikostrukturausgleich – hier wird der RSA des Jahres 2004 allerdings ohne Risikopool unterstellt – verkürzt sich die ausgabendeckende Prämienspanne auf etwa ein Drittel. Die verbleibende Spanne von 60 Euro macht auch deutlich, wie stark Prämienunterschiede als Wettbewerbsfaktor wirken würden: statt sich hinter Beitragszehnteln zu verstecken, wären die Preisunterschiede für jeden Versicherten auf Euro und Cent genau ersichtlich. Dies heißt aber auch, dass Wettbewerbsverzerrungen durch Ungenauigkeiten im Risikostrukturausgleich umso stärker durchschlagen.

Ein Ausgleich der unterschiedlichen Morbiditätsstrukturen bleibt also auch in einem Prämienmodell notwendig, während der Finanzkraftausgleich entfallen kann. Mit dem Finanzkraftausgleich entfiele auch ein großer Teil des Transfervolumens im RSA. Statt 16,1 Milliarden Euro müssten noch 8,7 Milliarden Euro umverteilt werden.

Neben reinen Prämienmodellen werden auch gemischte Modelle aus Prämien- und Beitragsfinanzierung diskutiert. Vorbild ist hier das „niederländische Modell", bei dem das einkommensabhängige Beitragsaufkommen direkt einem zentralen Fonds zugeleitet wird, aus dessen Volumen die Beitragsbedarfszuweisungen an die Krankenkassen finanziert werden. Ein Restbetrag wird von den Krankenkassen als kassenindividuelle Prämie direkt vom Versicherten erhoben. In einem solchen Modell würde für den einkommensabhängigen Teil auch ein Finanzkraftausgleich stattfinden.

4.2 Ausgestaltung der Familienversicherung

Es wird diskutiert, die kostenlose Familienversicherung zumindest für Kinder und Jugendliche bis 18 Jahre durch einen Staatszuschuss zu finanzieren. Diese Maßnahme würde den zweiten Ausgleichstatbestand im RSA – den Ausgleich der Belastungen durch unentgeltlich mitversicherte Familienangehörige – betreffen. Auch von dieser Maßnahme wäre die Beitragsbedarfskomponente im RSA unberührt. Die Ausgaben für die 12,9 Millionen GKV-versicherten Kinder und Jugendlichen betragen auf Basis der RSA-Profile einschließlich anteiliger Verwaltungsausgaben rund 13,4 Milliarden Euro.[2] Diesen Betrag müsste der Staat jährlich aufbringen. Für Erwachsene würde in einem solchen Modell eine durchschnittliche Prämie von 178 Euro fällig. Ein Risikostrukturausgleich, der nur die

---

[2] Es wäre ferner zu entscheiden, ob dieser Zuschuss nicht auch für die 1,5 Millionen bei der PKV versicherten Kinder und Jugendlichen ausgezahlt werden müsste, so dass sich die Belastung der öffentlichen Haushalte noch um 1,5 Milliarden Euro erhöhen würde. Diese Maßnahme hätte auch Auswirkungen auf das Wettbewerbsverhältnis von GKV und PKV, vgl. *Göpffarth und Henke* (2006: 19ff.).

Morbiditätsunterschiede von Erwachsenen ausgleichen würde, hätte immerhin noch ein Volumen von 7,6 Milliarden Euro (Abbildung 5).

Abbildung 5: Finanzströme mit Staatszuschuss zur Familienversicherung

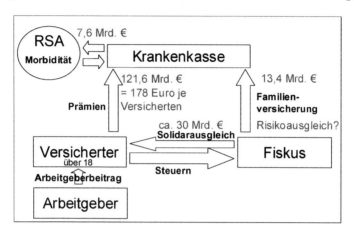

Bisher wenig beleuchtet ist die Frage, nach welchen Kriterien die Zuweisungen des Staates an die einzelnen Krankenkassen erfolgen sollten. Ein Ausgleich der tatsächlichen Ausgaben wäre wegen der negativen Wirtschaftlichkeitsanreize abzulehnen. Aber auch die Zuweisung eines Durchschnittsbetrages je Kind – d.h. rund 86 Euro – würde zu Verzerrungen führen. Die tatsächlichen Kosten der Kinderversicherung schwanken um das Zweieinhalbfache. Aus den Gewinnen und Verlusten der Durchführung der Kinderversicherung würden Prämienvorteile bezogen auf die Erwachsenenprämie in Höhe von bis zu 7 Euro entstehen. Dies entspricht einem Beitragssatzeffekt von rund 0,5 Beitragssatzpunkten. Daher ist voraussichtlich auch eine Risikoadjustierung der Staatszuschüsse zur Familienversicherung notwendig.

Da die Verlässlichkeit eines Staatszuschusses häufig in Frage gestellt wird, ist auch ein Modell mit GKV-interner Lösung in der Diskussion. Die Kosten der Kinderversicherung müssten dann durch eine Erhöhung der Erwachsenenprämie finanziert werden. Diese würde dann auf rund 198 Euro pro Monat steigen, wie in Abbildung 6 aufgezeigt. Da die Zahl der beitragsfrei mitversicherten Kinder zwischen den einzelnen Krankenkassen erheblich schwankt, müsste der RSA neben den Morbiditätsunterschieden auch diese Belastungsunterschiede ausgleichen. Das Transfervolumen läge bei 7,3 Milliarden Euro.

Hieraus ergibt sich ein interessanter Hinweis für diejenigen, die den RSA am Transfervolumen bewerten: Ein RSA, der nur Morbiditätsunterschiede ausgleicht hätte ein Volumen von 8,7 Milliarden Euro, kommt der Familienausgleich hinzu, sänke das Volumen um 1,4 Milliarden Euro. Der Grund hierfür liegt darin, dass Krankenkassen, die aufgrund einer jungen Versichertenklientel im Morbiditätsausgleich einzahlen, gleichzeitig wegen der hohen Kinderzahl im Familienausgleich Empfänger sind. Mehr RSA bedeutet nicht unbedingt mehr Transfervolumen, und umgekehrt.

Abbildung 6: Finanzströme mit beitragsfreier Familienversicherung

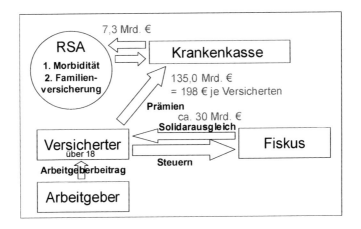

4.3 Einbindung der PKV in den RSA

Im Rahmen der anstehenden Gesundheitsreform wird auch eine Ausweitung des versicherungspflichtigen Personenkreises diskutiert. Geschieht eine solche Ausweitung in einem einheitlichen Rahmen – d.h. im Rahmen einer Bürgerversicherung oder eines Bürgerprämienmodells – wären keine konzeptionellen Änderungen am RSA notwendig. Schwieriger wären Verfahren, die GKV und PKV bei Fortbestand der Systeme in einen einheitlichen RSA einbinden würden.
Es kursieren vielfältige Vorschläge zur Einbindung der PKV in den Risikostrukturausgleich, die nicht auf die Unterschiede in den Finanzierungsformen zwischen GKV und PKV Rücksicht nehmen (z.B. Pfaff 1995, Bohm et al. 1996, Lauterbach et al. 2006). Dabei bestehen bei allen im RSA berücksichtigten Ausgleichsfaktoren entscheidende Systemunterschiede zwischen GKV und PKV.
Während das Einkommen der Versicherten in der GKV die Höhe der Beitragseinnahmen bestimmt, spielt die Einkommenshöhe bei der Prämienfinanzierung für die Wettbewerbssituation eines PKV-Unternehmens keine Rolle. Während der Ausgleichsparameter „Alter" in der GKV die Umverteilung zwischen

Jung und Alt und damit das Umlageverfahren bestimmt, sorgt die PKV im Rahmen des Anwartschaftsdeckungsverfahrens durch Alterungsrückstellungen für das Alter vor. Ausgabenunterschiede zwischen den Geschlechtern schlagen sich ebenso wie die Zahl der mitversicherten Familienangehörigen bei der PKV im Gegensatz zur GKV in den Prämien nieder. Die bestehende PKV kann daher nicht ohne weiteres in den gegenwärtigen RSA eingebunden werden. Auch ist zu beachten, dass eine Einbindung der PKV in den RSA immer auch einen RSA zwischen den einzelnen PKV-Unternehmen bedeutet. Dies soll zunächst getrennt für den Finanzkraft- und Beitragsbedarfsausgleich gezeigt werden, um abschließend den Einfluss auf die Wettbewerbspositionen aufzuzeigen.

Bei einer Einbindung der PKV in den Finanzkraftausgleich müsste für jeden PKV-Versicherten zunächst die Höhe seines beitragspflichtigen Einkommens bestimmt werden. Überdurchschnittliche beitragspflichtige Einkommen bei der PKV würden einen Nettotransfer zur GKV verursachen, den die PKV als Prämienzuschlag an ihre Versicherten weitergeben müsste. Dieser Prämienzuschlag würde von PKV-Unternehmen zu PKV-Unternehmen unterschiedlich ausfallen, je nach durchschnittlicher Einkommenshöhe der Versicherten. Zunächst würden PKV-Unternehmen mit ärmeren Versicherten einen Prämienvorteil gegenüber ihren Konkurrenten erreichen, da ihr Prämienzuschlag geringer – möglicherweise sogar negativ – ausfiele. Dabei würde es nicht bleiben, da dieses PKV-Unternehmen zukünftig im Wettbewerb Versichertengewinne erzielen würde und als Folge steigende Zahlungen in den Finanzkraftausgleich leisten müsste. Es käme zu einem instabilen Wettbewerb, der sich nur dann stabilisieren würde, wenn die Prämien der PKV-Versicherten wie in der GKV einkommensabhängig wären. Eine Einbindung der PKV in den Finanzkraftausgleich erfordert daher eine einheitliche Ausgestaltung der Einnahmenseite in beiden Systemen.

Eine Einbindung auf der Beitragsbedarfsseite wäre bei der gegenwärtigen Ausgestaltung des RSA mit dem Anwartschaftsdeckungsverfahren nicht kompatibel. Stellt man sich ein PKV-Unternehmen mit überwiegend jungen Versicherten vor, so müssen diese Versicherten über ihre Prämie nicht nur ihre laufenden Gesundheitsausgaben decken, sondern zusätzlich noch Alterungsrückstellungen für ihre Ausgaben im Alter bilden. Der Beitragsbedarfsausgleich würde diese Versicherten zusätzlich zur Finanzierung von Altersausgaben im Umlageverfahren heranziehen. Dieser Doppelbelastung stände eine Doppelentlastung bei PKV-Unternehmen mit überwiegend alten Versicherten entgegen. Diese decken die altersbedingt höheren Ausgaben durch die Auflösung der in der Vergangenheit gebildeten Alterungsrückstellungen und erhalten zusätzlich aus dem RSA Beitragsbedarfszuweisungen zur Deckung derselben Ausgaben. Eine Einbindung der PKV mit Alterungsrückstellungen in den RSA darf daher den Faktor „Alter" nicht umfassen, sondern darf nur altersunabhängige Morbiditätsunterschiede ausgleichen (vgl. Göpffarth und Henke 2006: 12ff.).

Eine Einbindung in den Beitragsbedarfsausgleich ist zudem nicht kompatibel mit der Erhebung von Risikozuschlägen. Zwar ist eine Berücksichtigung von Risikozuschlägen bei der Ermittlung von Beitragsbedarfszuweisungen theoretisch denkbar (Sehlen et al. 2006), aber praktisch nicht umsetzbar. Ein Ausgleich von Morbiditätsunterschieden – und genau dies bedeutet der Beitragsbedarfsausgleich – schließt eine Risikodifferenzierung der Prämien aus. Im Ergebnis wäre eine Einbindung der PKV in den RSA technisch zwar nicht unmöglich, würde aber erhebliche Änderungen des Ausgleichsverfahrens und des Geschäfts der PKV bedingen. Vor allem wäre eine Vereinheitlichung der Einnahmenseite zwischen GKV und PKV notwenig. Eine Einbindung der PKV in den RSA ohne Berücksichtigung der Unterschiede in den Finanzierungsformen würde zu neuen Verzerrungen nicht nur im Wettbewerb zwischen den PKV-Unternehmen untereinander führen, sondern auch an der Schnittstelle zwischen GKV und PKV.

5. Schlussfolgerungen

Gegenwärtig übernimmt der RSA die Funktion, einen Ordnungsrahmen für ein Krankenversicherungssystem mit Kassenwahlfreiheit und solidarischer Finanzierung zu setzen. Der RSA ist daher nicht als Gegensatz zum Wettbewerb zu sehen, sondern ermöglicht diesen in einem solidarischen Rahmen. Solange an einem Solidarausgleich innerhalb der GKV festgehalten wird, ist auch ein RSA notwendig. Bei allen diskutierten Änderungen auf der Finanzierungsseite ist dies der Fall. Abhängig von der konkreten Ausgestaltung der Finanzreform ändern sich aber die im RSA berücksichtigten Ausgleichstatbestände. Allerdings vollziehen sich alle Änderungen auf der Seite des Finanzkraftausgleichs. Die Frage der Weiterentwicklung der Beitragsbedarfsseite stellt sich unabhängig davon. Hier besteht weiterhin die Notwendigkeit, die Beitragsbedarfszuweisungen zielgerichteter vorzunehmen. Bei einer Reform der Finanzierungsseite und bei einer stärkeren wettbewerblichen Orientierung des Gesundheitswesens wird diese Notwendigkeit noch zunehmen.

Literatur

BKK-Beirat (2006):
Finanzielle Effekte von RxGroups-klassifizierten Arzneiverordnungen in einem morbiditätsorientierten Risikostrukturausgleich, Gutachten des Wissenschaftlichen Beirats der betrieblichen Krankenversicherung, Essen

Bohm, S.; K. Jacobs; P. Reschke (1996):
Notwendigkeit und Möglichkeit eines Umbaus der Finanzierung in der gesetzlichen Krankenversicherung, Graue Reihe der Hans-Böckler-Stiftung N.F. 111, Düsseldorf

Daubenbüchel, R.; D. Göpffarth (2005):
Chancen und Risiken der direkten Morbiditätsorientierung, in: Die Krankenversicherung 57 (2): 42-46

Glaeske, G.; D. Göpffarth; F. Otto (2006):
Fehlanreize durch RxGroups im Risikostrukturausgleich? Eine Erwiderung, in: Gesundheits- und Sozialpolitik 60 (5-6), *in Druck*

Göpffarth, D; K.-D. Henke (2006):
Finanzierungsreform und Risikostrukturausgleich – Was bleibt vom Ausgleichsverfahren?, Diskussionspapier 2006/4, Wirtschaftswissenschaftliche Dokumentation, Technische Universität Berlin

Lauterbach, K. W.; M. Lüngen; B. Stollenwerk; A. Gerber; G. Klever-Deichert (2006):
Einbeziehung der PKV in den Risikostrukturausgleich der Krankenversicherung, mimeo., Köln

Malin E.-M.; P. Hernold ; C. König (2006):
Fehlanreize durch arzneimittelbasierte Morbiditätszuschläge im Risikostrukturausgleich, in: Gesundheits- und Sozialpolitik, 60 (1-2): 43-48

Pfaff, M. (1995):
Funktionsfähiger Wettbewerb innerhalb und zwischen den gesetzlichen und privaten Krankenkassen, in: Arbeit- und Sozialpolitik 49 (9-10): 12-20

Reschke, P.; S. Sehlen; G. Schiffhorst; W. F. Schräder; K. W. Lauterbach; J. Wasem (2005):
Klassifikationsmodelle für Versicherte im Risikostrukturausgleich, Bundesministerium für Gesundheit und Soziale Sicherung, Forschungsbericht 334, Bonn

Sehlen, S.; J. Hofmann; P. Reschke (2005):
Private Krankenversicherung und Risikostrukturausgleich – zur Wahlfreiheit zwischen GKV und PKV, in: Gesundheits- und Sozialpolitik 59 (1-2): 54-64

Die Reform des Risikostrukturausgleichs in der GKV

von Herbert Rebscher

Um die Einführung des Risikostrukturausgleichs sowie seine ordnungspolitische Funktion im Gefüge der gesetzlichen Krankenversicherung ranken sich Mythen, Irrtümer und interessengeleitete Behauptungen, oft ohne sachliche Substanz. Richtig ist: Die enormen Beitragssatzunterschiede Ende der 80er/90er-Jahre waren als Symptom der Anlass für die politische Debatte und die Einführung des RSA, jedoch nicht die zwingende ordnungspolitische Begründung. Der RSA hat eben nicht das „Ziel" der Angleichung der Beitragssätze oder einer wie auch immer gearteten „Startchancen-Gerechtigkeit" für den damals eingeführten Wettbewerb. Er ist ordnungspolitisch fundiert durch den spezifischen Charakter der gesetzlichen Krankenversicherung als eine eben nicht risikoäquivalent kalkulierende Sozialversicherung. In ihr wird ausdrücklich, bewusst und für das System konstituierend auf jede Form der individuellen Risikoäquivalenz verzichtet. Es wird stattdessen die Leistungsfähigkeit bei der Finanzierung mit der Bedarfsnotwendigkeit bei der Leistungszusage kombiniert. Dies hat ordnungspolitisch zwingende Konsequenzen, wie die Gegenüberstellung der Prinzipien einer idealtypischen privaten Versicherung und der konstitutionell-normativ gefundenen Funktion der Sozialversicherung zeigt.

Was soll der RSA leisten ?	DAK
GKV	**PKV**
Beiträge	Prämien
⇢ Einkommensabhängig	⇢ Einkommensunabhängig
⇢ Geschlechtsunabhängig ⇢ Altersunabhängig ⇢ Mitversichertenunabhängig	⇢ Geschlechtsabhängig ⇢ Altersabhängig ⇢ Mitversichertenabhängig
⇢ Volle Wahlfreiheit ⇢ Wettbewerb im gesamten Versicherungsverlauf auch alt/krank	⇢ Eingeschränkte Wahlfreiheit ⇢ Nur „Einstiegswettbewerb"
04.04.2006	Folie 4

Die idealtypische Form einer prämienbasierten Privatversicherung wird die Kalkulation völlig unabhängig vom individuellen Einkommen, aber mit Bezug auf das individuelle Geschlecht, Alter und die Zahl der benötigten Verträge (pro Individuum) vornehmen. Aus dieser individuellen Risikoäquivalenz resultiert im Übrigen die Notwendigkeit der Alterungsrückstellung und damit – quasi kalkulatorisch bedingt – die faktisch eingeschränkte Wahlfreiheit und der dadurch systematisch ausgeschlossene Wettbewerb (außer Einstiegswettbewerb um neue junge Kunden) zwischen den Unternehmen der Privatversicherung.

Genau umgekehrt verhält es sich bezüglich der Kalkulation der Beiträge in der Sozialversicherung, die ausdrücklich am Einkommen (als Surrogat der ökonomischen Leistungsfähigkeit) und ausdrücklich nicht an den Risikoparametern Geschlecht, Alter und – besonders bedeutsam – an der Zahl der beitragsfrei mitversicherten Familienangehörigen festmacht.

Der Risikostrukturausgleich hat in einem solchen System die Funktion, den individuellen Beitrag des Mitglieds (nach dessen ökonomischer Leistungsfähigkeit) in eine „risikoäquivalente Prämienzuweisung" nach Zahl der Verträge (mitversicherter Personenkreis), nach Alter und nach Geschlecht an dessen jeweilige Krankenkasse zu transformieren. Erst dieser Vorgang ermöglichte die Einführung von Wahlfreiheiten und damit einen scharfen Wettbewerb der gesetzlichen Krankenkassen untereinander, nicht nur um Junge, sondern auch um den Mitgliederbestand bis ins hohe Alter, ja sogar den Wechsel von schon erkrankten Versicherten in individuell präferierte Kassen ohne ökonomische Diskriminierung durch hohe Beiträge.

Diese Transformation der individuellen Leistungsfähigkeit in eine risikoäquivalente Prämienzuweisung stellt im Ergebnis eine genauere, weil an den jeweilig aktuellen Alters- und Geschlechtsstrukturen, den aktuellen Ausgabestrukturen des Gesamtsystems und der Morbidität des Gesamtsystems orientiertes Ausgleichsverfahren dar, als dies jede Form von individueller Kalkulation der Prämie im privaten Versicherungsgewerbe tun könnte. Insoweit lautet die ordnungspolitische Begründung des RSA wie folgt: Der Risikostrukturausgleich ist der „technische Kern" (Wasem/Jacobs) einer „solidarischen Wettbewerbsordnung". Er formt die normativ gewollte Abkehr vom Prinzip der Versicherungsäquivalenz bei der Beitragsfinanzierung zu einer risikoäquivalenten Zuweisung von Finanzmitteln an die jeweilige Krankenversicherung um. Er schafft damit Wahlfreiheiten unabhängig vom individuellen Alter, Geschlecht und Vorerkrankung und ermöglicht erst damit Wettbewerb im Sozialversicherungssystem.

Damit lassen sich auch die Irrtümer in der gesundheitspolitischen Debatte um den Risikostrukturausgleich leicht beschreiben:

Irrtum 1: „Der Risikostrukturausgleich soll Startchancen-Gerechtigkeit herstellen und ist dann verzichtbar."

Der Risikostrukturausgleich ist eben kein Element der Startchancen-Gerechtigkeit, sondern ein konstitutives Element, das dauerhaft Risikoselektion als extrem unproduktives Reaktionsmuster von Akteuren im Wettbewerb vermeiden soll.

Irrtum 2: „Der Risikostrukturausgleich soll in seiner Höhe begrenzt werden." Das Volumen des Risikostrukturausgleichs ist kein Beurteilungsmaßstab für seine Sinnhaftigkeit, sondern das Maß der eingetretenen Verwerfungen der Risiken. Würde der Wettbewerb die Risiken ausgleichen, würde sich der Risikostrukturausgleich von selbst entsprechend reduzieren oder idealtypisch abschaffen. Jeder Euro, der im Risikostrukturausgleich transferiert wird, zeigt das Maß der eingetretenen Verwerfungen an. Man verbietet einem Thermometer auch nicht die Anzeige von 30° C, wenn man selber 25° C für maximal bekömmlich hält.

Irrtum 3: „Es könne nicht sein, dass Zahler-Kassen in den RSA einen höheren Beitragssatz erheben müssen als Empfänger-Kassen im RSA." Soweit Beitragssatzunterschiede auf Wirtschaftlichkeitsunterschieden basieren, werden diese eben nicht im RSA Berücksichtigung finden, so dass genau dieser Effekt eintreten kann, ohne dass der RSA zu dieser Fehlsteuerung beiträgt. Sonst würde der RSA ja an tatsächlichen Leistungsausgaben festmachen und zum allgemeinen Beitragssatz-Ausgleich degenerieren – ein Effekt, der ausdrücklich nicht gewollt ist.

Irrtum 4: „Der RSA behindert Wettbewerb, indem er wirtschaftliches Handeln bestraft." Der RSA soll Wettbewerb ermöglichen und schafft den dazu notwendigen Schritt in einem Solidarmodell. Er führt systematisch von einem Beitrag nach ökonomischer Leistungsfähigkeit zu risikoäquivalenter Zuweisung an Kasse. Er gleicht keinerlei Wirtschaftlichkeitsunterschiede aus, sondern nur Risikostrukturunterschiede.

Irrtum 5: „Der RSA leistet schon heute, was er leisten soll, deshalb ist keine Reform notwendig." Der RSA hat einen erheblichen technischen Defekt. Ihn gilt es zu analysieren und zum Gegenstand einer Reform zu machen.

Diese Irrtümer in der Debatte dürfen allerdings nicht den Blick dafür verstellen, dass im real existierenden Risikostrukturausgleich tatsächlich technische Probleme ungelöst sind.

So führt die Orientierung an standardisierten Leistungsausgaben (also den durchschnittlichen Ausgaben der jeweiligen Alters- und Geschlechtskohorten) auf der einen Seite tatsächlich zu einem erheblichen Anreiz, wirtschaftliche Versorgungsstrukturen als Erfolg der jeweiligen Kasse zu verbuchen und damit Vorteile im Wettbewerb zu generieren. Anderseits entstehen aber immer dann fragwürdige Verzerrungen, wenn diese standardisierten Profile durch erfolgreiche Risikoselektion innerhalb dieser Kohorten zu einer Beitragsbedarfszuweisung führen, die über den individuellen Leistungsausgaben der Krankenkassen in diesen Kohorten liegen. Damit kommt es zu einer strukturellen Übersubventionierung dieser Kassen mit sowieso unterdurchschnittlichem Beitragssatzniveau.

Dies ist der eigentliche Grund für die Diskussion um eine stärkere Morbiditätsorientierung oder andere Formen der Reform des Risikostrukturausgleichs. Konkret lautet die Kritik am heutigen Risikostrukturausgleich: Die Zuweisung nach durchschnittlichem Beitragsbedarf provoziert und ermöglicht eine gesamtwirtschaftlich unproduktive Strategie der Risikoselektion und trägt erheblich zu den Beitragssatzverwerfungen bei, die eben nicht durch Produktivität und Wirtschaftlichkeit, sondern durch falsche RSA-Transfers begründet sind. Damit werden im Wettbewerb zwischen den gesetzlichen Krankenkassen gerade die Kassen ökonomisch diskriminiert, die die gesundheitliche Versorgung breiter Bevölkerungsanteile organisieren und administrieren. Demgegenüber werden gerade die Kassen ökonomisch entlastet, die sich aus der Leistungsverpflichtung durch subtile Maßnahmen der Risikoselektion herausoptieren. Der falsche RSA-Anreiz besteht in der Diskriminierung der Leistung für kranke Menschen statt der Diskriminierung der ineffizienten Leistungserbringung und Leistungsorganisation. Das muss Ausgangspunkt jeder RSA-Reform sein.

Die Problematik des heutigen RSA und der Lösungsansätze zur Reform werden im Folgenden an konkreten Beispielen erläutert.

Der Risikostrukturausgleich (RSA) suggeriert auf den ersten Blick eine finanzielle Chancengleichheit in der GKV, die in der Realität nicht existiert. Exemplarisch lässt sich dies an der geplanten Mehrwertsteuererhöhung um 3%-Punkte verdeutlichen. Durchschnittlich wird sich die Arzneimittelversorgung eines Mitglieds in der GKV um 12 € erhöhen. Bei den Versorgerkassen, die viele chronisch Kranke versichern, wird diese Mehrwertsteuererhöhung aufgrund der hohen Versorgungslast jedoch mit 14 € zu Buche schlagen, wohingegen Krankenkassen mit unterdurchschnittlicher Versorgungslast lediglich Mehrausgaben in Höhe von 6 € zu verkraften haben werden. Da der RSA unabhängig von der Versorgungslast der jeweiligen Krankenkasse lediglich Durchschnitte – hier also 12 € – ausgleicht, sind Versorgerkassen von der geplanten Mehrwertsteuererhöhung, wie auch generell bei GKV-weiten Leistungsausgabensteigerungen, besonders betroffen.

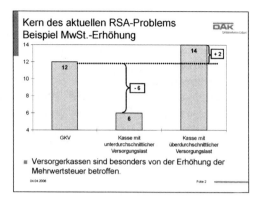

Der RSA setzt somit völlig falsche Anreize: Er diskriminiert die Leistungserbringung der Versorgerkassen, sei sie auch noch so effektiv, anstatt ineffiziente Strukturen zu bestrafen.

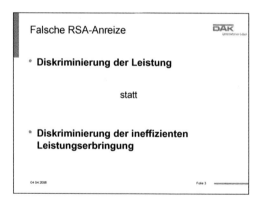

Vergegenwärtigt man sich die ursprünglichen Ziele des RSA, so soll er Ein-
kommensunterschiede der Mitglieder sowie die unterschiedliche Leistungsinan-
spruchnahme aufgrund des Alters, des Geschlechtes und der mitversicherten
Familienangehörigen ausgleichen. Der RSA ermittelt somit für jeden Versicherten eine risikoäquivalente „Individualprämie", die der jeweiligen Krankenkasse
für den Krankenversicherungsschutz ihrer Versicherten zur Verfügung steht.
Diese Individualprämie, der sog. Beitragsbedarf, stellt dabei nicht auf den individuellen Gesundheitszustand ab, sondern berücksichtigt Durchschnittskosten
von Gesunden und Kranken. Solange sich also die Solidargemeinschaft einer
Krankenkasse sowohl aus gesunden als auch aus kranken Versicherten in aus-
gewogenem Verhältnis zusammensetzt, wird die Krankenkasse ihre Leistungsausgaben mit dem ihr zugebilligten Beitragsbedarf bestreiten können.

64

Leider ist die GKV von gleichmäßigen Risikostrukturen in den Kassen und Kassenarten weit entfernt. Zwar können die Mitglieder der GKV seit nunmehr knapp 10 Jahren ihre Krankenkasse frei wählen, so dass eine „gesunde" Durchmischung der Risiken zu erwarten wäre, Tatsache ist jedoch, dass nahezu ausschließlich die Gesunden ihre Krankenkasse wechseln. Kranke Versicherte halten dagegen in der Regel ihrer Versicherung dauerhaft die Treue. Wissenschaftliche Untersuchungen aus dem Jahr 2001 belegen, dass Wechsler über alle Altersgruppen hinweg durchschnittlich weniger Leistungsausgaben verursachen als ihnen Beitragsbedarf zugerechnet wird. So konzentrieren sich die guten Risiken bei den Krankenkassen mit geringer Versorgungslast und dementsprechend geringem Beitragssatz. Risikoentmischung und ein permanenter Druck auf die Beitragssätze der Versorgerkassen allein aufgrund der mit der Risikoentmischung einher gehenden Leistungsverdichtungen sind die Folge.

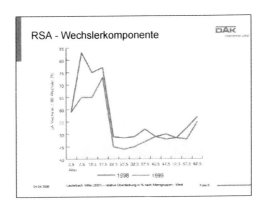

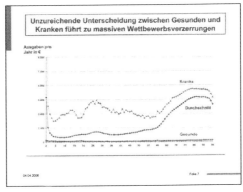

Diese RSA-Fehlsteuerung lässt sich durch eine Gegenüberstellung der tatsächlichen berücksichtigungsfähigen Leistungsausgaben und der zugebilligten Beitragsbedarfe belegen. Exemplarisch sei hier auf die Deckungsgrade (West) des VdAK und des AOK-BV als Vertreter des Lagers der Versorgerkassen sowie des BKK-BV als Vertreter des Lagers der Krankenkassen mit unterdurchschnittlicher Versorgungslast hingewiesen. Sowohl VdAK als auch AOK-BV müssen mit einer Unterdeckung ihrer Leistungsausgaben aus dem RSA leben, obwohl diese in dieser Höhe ausschließlich durch die jeweilige Versichertenstruktur bedingt sind.

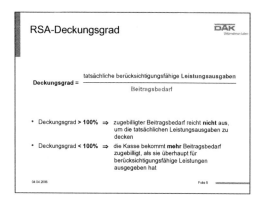

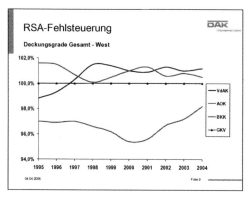

Das Auseinanderdriften der Risikostrukturen innerhalb der GKV durch die massive und nachhaltige Abwanderung von jungen und gesunden Versicherten lässt sich auch bei der Entwicklung der Leistungsausgaben je Mitglied nachweisen. Sowohl in den Hauptleistungsbereichen mit direkter Beitragssatzrelevanz „Krankenhausausgaben" und „Arzneimittelausgaben" als auch der wohl von jeder „Managementfähigkeit" freien Entwicklung des Sterbegeldes mussten VdAK und AOK-BV seit 1997 bedingt durch den Wechsel Gesunder hin zu den BKKn eine schlechtere Entwicklung der Leistungsausgaben verkraften als der

BKK-BV. Dagegen manifestiert sich in dem überproportionalen Anstieg des Mutterschaftsgeldes beim BKK-BV der Wechsel gesunder junger Frauen hin zu den Betriebskrankenkassen.

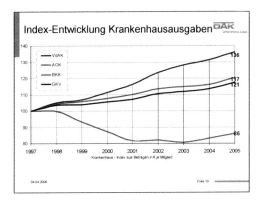

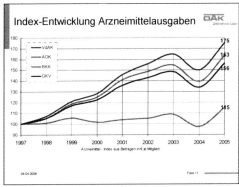

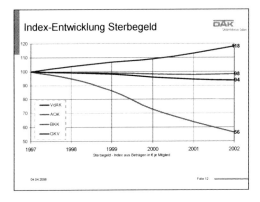

67

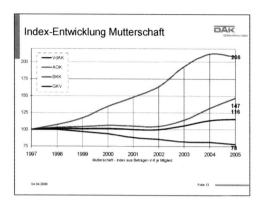

Zur Eindämmung dieses in der Vergangenheit eingetretenen Erosionsprozesses innerhalb der GKV bieten sich grundsätzlich zwei Reformoptionen an. Zum einen kann die Lösung in der Verfeinerung der sozio-ökonomischen Morbiditätsklassen gesucht werden, wie es die gegenwärtige Gesetzeslage mit der Einführung eines direkt morbiditätsorientierten RSA vorsieht. Eine sehr verwaltungsaufwändige und manipulationsanfällige Option mit ungewissem Ausgang. Hierbei ist insbesondere weiterhin ungeklärt, ob sich ein Anreizsystem entwickeln lässt, das stabil und im Individualinteresse der Akteure beider Marktseiten und insbesondere zwischen den Wettbewerbern den Fokus auf Wirtschaftlichkeit richtet und die Gefahr der aus RSA-Gründen dokumentierten Morbiditätssteigerung minimiert.

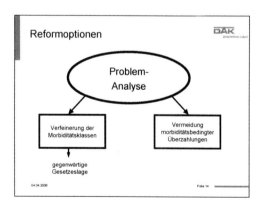

Zum anderen ließen sich morbiditätsbedingte Überzahlungen aber auch durch eine Intervention bei der Beitragsbedarfszuweisung vermeiden. Im Kern beinhaltet diese Option folgendes: Der ermittelte Beitragsbedarf wird nur bis zu einem bestimmten Grad der Überdeckung der tatsächlichen berücksichtigungsfä-

higen Leistungsausgaben in voller Höhe angerechnet. Eine gewisse Überdeckung kann noch als Managementerfolg und deshalb als verdient angesehen
werden. Der darüber hinaus gehende Beitragsbedarf wird der Krankenkasse nur
noch anteilig ausgeschüttet, um eine nicht mit dem RSA beabsichtigte, rein risi-
kostrukturbedingte und nicht auf wirtschaftliches Handeln zurückführbare deutliche Überdeckung bei der Beitragsbedarfsanrechnung zu unterbinden.

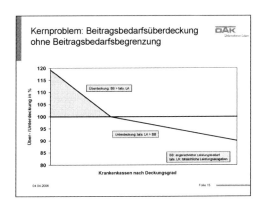

Diese rein rechnerische, an den morbiditätsbedingten Leistungsausgaben orientierte Begrenzung der Beitragsbedarfszuweisung stellt eine unbürokratische und
manipulationsresistente Alternative zu einem direkt morbiditätsorientierten RSA
dar, die zudem einfach – d. h. auch kurzfristig – zu implementieren ist und darüber hinaus auch zukünftig nur geringen laufenden Aufwand verursacht.

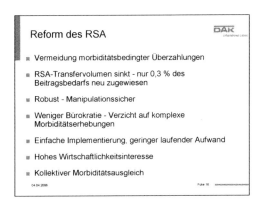

Die Weiterentwicklung des Risikostrukturausgleichs und die Finanzreform der GKV[1]

von Robert Paquet

Vorbemerkung zum Wettbewerb

Weil der RSA als notwendiger Teil einer sinnvollen Wettbewerbsordnung diskutiert wird, erlaube ich mir eine grundsätzliche Bemerkung zu diesem Stichwort vorab. In vielen gesundheitspolitischen Stellungnahmen wird der Wettbewerb als Allheilmittel beschworen. Auch im Koalitionsvertrag wird der Begriff geradezu als Monstranz vor sich hergetragen. Dabei wird gewöhnlich nicht nur ausgeblendet, *welcher* Wettbewerb überhaupt gemeint ist; - geht es um Innovationen oder um Rationalisierungs- und Preiswettbewerb? Was sind eigentlich die Ziele?

Hier geht es mir um etwas anderes: Gleichfalls ausgeblendet wird, dass eine zentrale Voraussetzung für Wettbewerb immer eine Vielzahl von Akteuren ist und vor allem, dass es beim Wettbewerb Unterschiede im Ergebnis geben muss. Vor allem Letzteres müssen die Beteiligten und die Politik aushalten. Wenn man die Dynamik des Wettbewerbs haben will, muss man zu einer gewissen Robustheit bereit sein. Und das heißt, dass man unterschiedliche Ergebnisse auch über einen längeren Zeitraum akzeptieren, zumindest tolerieren muss.

Häufig träumen jedoch insbesondere Gesundheitspolitiker davon, dass der Wettbewerb zur Folge habe, dass gute Ergebnisse sogleich und gleichermaßen für **alle** zur Verfügung stünden, die Situation sich für alle verbessert, es keine Verlierer gibt.

Manchmal wird dazu, namentlich von Prof. Lauterbach, das Gerechtigkeitskonzept von Rawls herangezogen. Dabei wird auch theoretisch zu kurz gesprungen und man lässt sich offenbar vom falsch verstandenen Titel des Rawlschen Opus Magnum verführen. Seine "Theorie der Gerechtigkeit" ist nämlich kein Plädoyer für mehr Gleichheit, sondern im Kern nichts anderes als eine utilitaristische Legitimation von Ungleichheit. Danach kann Ungleichheit jedenfalls solange toleriert werden, solange sie zu einer dynamischen Wohlfahrtsentwicklung bzw. einem Wirtschaftswachstum beiträgt, das in seinem Ergebnis auch den relativ am

---

[1] Der Vortragsstil wird für diese Dokumentation beibehalten.

schlechtesten Gestellten (den Ärmsten) einen zusätzlichen Nutzen bringt. Vergleichsmaßstab ist ein Zustand weitestgehender Gleichheit, der aber zu geringerem Wirtschaftswachstum führt, stagnant ist etc.

Also noch einmal: Wettbewerb – wenn man das ernst meint - führt zu Unterschieden bzw. Ungleichheit. Überzogene Gleichheits- und Gerechtigkeitsvorstellungen blockieren Marktprozesse und behindern Effizienz. Die Kunst der Politik besteht darin, beide Seiten auszubalancieren.

Ausgleich muss sein, aber mit den richtigen Anreizen

Ich komme zum eigentlichen Thema: Die Betriebskrankenkassen bekennen sich zu einem Risikostrukturausgleich und akzeptieren, dass er in einer solidarischen Wettbewerbsordnung systemnotwendig ist. Die Bedingungen müssen jedoch sein, dass er den Wettbewerb nicht ersticken darf und daher möglichst einfach, transparent und manipulationsresistent konzipiert werden muss.

Dass der Vorschlag der Gutachter[2] der Bundesregierung für einen morbiditätsorientierten RSA (M-RSA) nicht einfach und transparent ist, ist offensichtlich und bedarf eigentlich keiner weiteren Beweisführung. Wichtiger sind jedoch die konzeptionellen Grundprobleme des M-RSA. Sie hängen mit der Vorstellung zusammen,

- erstens, dass man Morbidität „objektiv" messen könne,
- zweitens, dass man mit einer solchen Messung einen objektiven Maßstab für die Beurteilung der Effizienz der Behandlung/Versorgung entwickeln könne und
- schließlich, dass man dafür geeignete Daten aus dem *Versorgungsgeschehen* benutzen kann.

---

[2] *IGES/Lauterbach/Wasem* (2004): "Klassifikationsmodelle für einen morbiditätsorientierten Risikostrukturausgleich in der gesetzlichen Krankenversicherung", Baden-Baden, 2004. - Das Gutachten zum M-RSA hätte aufgrund gesetzlicher Vorschriften zum 31. Dezember 2003 vorliegen sollen. Tatsächlich wurde eine Entwurfsfassung im Juli 2004 vorgelegt. Eine Endversion wurde vom BMGS erst Anfang 2005 im Internet veröffentlicht. Das BMGS hatte daraufhin jedoch nicht erklärt, was auf der Basis des Gutachtens tatsächlich in der Verordnung umgesetzt werden sollte. Schon gar nicht kam es zu einer Initiative des Ministeriums, einen (wie es in § 268 SGB V ebenfalls vorgeschrieben ist) „einvernehmlichen Vorschlag der Spitzenverbände der Krankenkassen zur Bestimmung der Versichertengruppen und Gewichtungsfaktoren sowie ihrer Klassifikationsmerkmale" einzuholen.

Das sind drei wissenschaftliche Prämissen, die dem Gutachten zugrunde liegen und dort selbst nicht mehr (ausreichend) zur Diskussion gestellt werden[3]. Vor diesem Hintergrund ist schon aus der Theorie zu vermuten, dass das vorgeschlagene Konzept zu einem Kostenanstieg für die Kassen führen würde[4].

Vorgeschichte des M-RSA und falsche Fährten

Angesichts eines wissenschaftlich und praktisch so ambitionierten Unternehmens ist es sinnvoll, hier noch einmal auf die Vorgeschichte der Kritik am Status quo des RSA einzugehen. Im Kern steht hier nämlich die Behauptung, der aktuelle RSA bilde die Risikostrukturen bzw. die Morbidität nicht hinreichend ab und führe deshalb zu ungerechten Beitragssatzdifferenzen (und dadurch ausgelösten, „fehlorientierten" Mitgliederbewegungen).

Die im Jahr 2001 getroffene gesetzliche Regelung zur „Weiterentwicklung des RSA" bezog sich auf eine zum Teil hysterisch geführte Debatte über Beitragssatzunterschiede und Mitgliederwanderungen. Schon heute, d.h. rund fünf Jahre später sind diese Beitragssatzunterschiede jedoch auf ein vergleichsweise bescheidenes Maß geschrumpft (vgl. Folie 1). Das würde heute niemanden mehr zu so weitreichenden Eingriffen in das Finanzausgleichssystem motivieren. Auch die Mitgliederwanderungen sind heute entsprechend verlangsamt.

---

[3] Dabei sind die Gutachter übrigens auf das r-Quadrat als Qualitätsmaßstab fixiert. Dieser Indikator muss aus logischen Gründen jedoch deutlich relativiert werden. Wenn man das r-Quadrat der Alternativmodelle misst und unterstellt, dass die Abweichung des Status quo von den wirklichen Ausgabenprofilen aufgrund von Manipulationen, d.h. hier Risikoselektion stattfindet, dann hat jedes alternative System eine gute Chance, beim r-Quadrat besser zu sein als der Status quo. Und zwar allein schon deshalb, weil das andere, neue System noch nicht in der Realität entsprechend **seiner** Logik manipuliert worden sein kann.

[4] Außerdem fehlt eine systemimmanente Abwägung, welche nicht-intendierten und ggf. kontraproduktiven Folgen ein M-RSA hätte (von der Manipulationsanfälligkeit über die mittelbaren Fehlanreize für die Versorgung und die Kostenentwicklung bis hin zum erhöhten Verwaltungsaufwand), noch eine Abschätzung der **Transformationskosten** von heute zu einem künftigen M-RSA. Wie eine *realistische Umsetzungsvariante* für den M-RSA aussehen könnte, welche „Anpassungen" des amerikanischen „Groupers" für die deutschen Verhältnisse vorgenommen werden müssen, und welche Richtung die schon heute vorgesehene kontinuierliche „Weiterentwicklung" des morbiditätsorientierten RSA Jahr für Jahr nehmen würde, - das bleibt alles völlig offen. Die Erfahrungen mit dem DRG-System im Krankenhaus sprechen dabei Bände. Da wurde und wird an einem vielleicht in der Ursprungsform noch wissenschaftlich sauberen System so lange reformiert und geknetet, bis die Vorteile dort landen, wo sie politisch erwünscht sind.

72

Folie 1

Entwicklung der GKV-Beitragssätze und des RSA-Transfervolumens

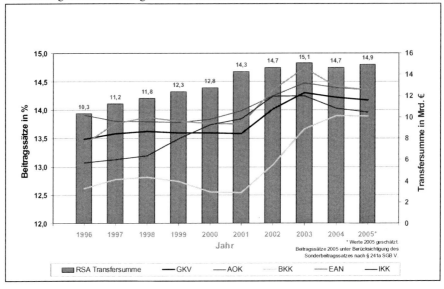

Der GKV-Wettbewerb hat offenbar jetzt sein „Normalmaß" gefunden und ist inzwischen alles andere als spektakulär. Die damalige Aufregung hatte bei vielen offenbar auch damit zu tun, dass mit den BKK die in ihren Augen „Falschen" die Gewinner des Wettbewerbs waren.

Die Kritik am Status quo des RSA setzte damals (und setzt heute immer noch) an der falschen Stelle an. Ausschlaggebend waren Gesichtspunkte, die mit der Konzeption des Risikostrukturausgleichs eigentlich nichts zu tun haben. Sie bezogen sich auf Sonderfaktoren, die größere Beitragssatzunterschiede erzeugt hatten als sie durch verschiedene Morbiditätskonzepte im RSA ausgelöst werden könnten. Da sind vor allem die Sondereffekte der exzeptionellen Mitgliederwanderung in den Jahren 2000 und 2001 zu nennen. Die Liquiditätsgewinne bei Mitgliederzuwächsen haben zu Verzerrungen der Beitragssätze geführt. (Hier müssten die *Buchungsregelungen* geändert werden!).

Außerdem spielten in den Jahren 2002 und 2003 die massiven Abweichungen in der Schätzung des Ausgleichsbedarfsatzes (ABS) eine Rolle, die zu erheblichen Beitragssatzturbulenzen geführt haben (vgl. Folie 2). Im Zusammenhang mit gesetzlichen Maßnahmen und politischem Druck (Verbot von Beitragserhöhungen und Verpflichtungen, die Rücklagen zurückzufahren) haben diese Verzerrung in die Verschuldungskrise der gesetzlichen Krankenkassen geführt.

Folie 2

Entwicklung des ABS-Bund			
	Haushalts-planung	RSA-Schluss-ausgleich	Abweichung
2000	12,65	12,61	-0,04
2001	12,83	12,94	0,11
2002	12,96	13,27	0,31
2003	13,19	13,55	0,36
2004	12,64	12,75	0,11
2005*	12,92	12,98	0,06
2006*	13,30	13,22	-0,08

GKV-Schätzerkreis, Stand 08.12.05

Ein Kern der Problematik ist dabei die systematische Verzögerung der Anpassung von RSA-Werten nach den amtlichen Vorgaben für die Beitragssatzkalkulation. Sie hinkt derzeit zwei Jahre hinter der Wirklichkeit her. Dies wirkt sich bei Zu- und Abnahme der Mitgliederzahlen noch einmal verstärkt aus. Das ist die Quelle für das Märchen von der Unberechenbarkeit des RSA und der Unvollständigkeit seiner Morbiditätsabbildung.

Kalkulationsprobleme der Kassen (einschließlich der Regelungsdefizite im Rechnungswesen), Liquiditätseffekte von Mitgliederwanderungen und (teilweise politisch beeinflusste) Fehler bei der Schätzung des ABS sind aber Probleme, die vom RSA unabhängig sind. Sie werden auch durch eine Reform des RSA nicht aus der Welt geschafft.

Weiterentwicklung des RSA und Manipulationsmöglichkeiten

Auch wenn man sich – im Sinne immanenter Logik – auf den M-RSA einlässt, zeigt sich, dass die theoretischen Bedenken gerechtfertigt waren. Inzwischen ist auch empirisch klar, dass beim von den Gutachtern bevorzugten Modell Manipulationsmöglichkeiten bestehen[5].

Eine direkte Messung der Morbidität ist grundsätzlich nicht möglich. Daher muss in der Praxis immer mit abgeleiteten Indikatoren gearbeitet werden. Durch den Rückschluss von verordneten Arzneimitteln auf die Erkrankungen der Versicherten sollen nach dem Gutachtervorschlag die finanziellen „Zuschläge" für die Kasse ausgelöst werden. Dabei zeigt sich, dass das Gebot der Versorgungsneutralität durch das System der RxGroups zur Klassifikation der Arzneimittelverordnung verletzt wird. Im stärkeren Maße noch als bei Diagnosen handelt es sich bei Arzneimittelverordnungen um Indikatoren der Inanspruchnahme. Sie spiegeln Therapieentscheidungen und sind daher hinsichtlich ihrer Verweisung auf die zugrundeliegenden Erkrankungen in aller Regel mehrdeutig.

Sich bei diesen Überlegungen auf die Arzneimittel zu konzentrieren, ist deshalb richtig, weil der Anteil der in einem M-RSA durch Arzneimittel-Zuschläge umverteilten Volumina den Anteil der Arzneimittelausgaben an den gesamten Leistungsausgaben um ein Vielfaches übersteigt. 80 % aller Zuschläge, die aufgrund der Morbidität erfolgen, basieren in dem vorgeschlagenen Modell auf der Arzneimittelklassifikation. Lediglich 20 % auf den ebenfalls berücksichtigten stationären Diagnosen. Damit erwächst diesem Leistungsbereich unter den Bedingungen eines M-RSA eine zusätzliche Bedeutung mit kaum absehbaren Konsequenzen[6]. Dabei ist insbesondere die Frage von Bedeutung, wie Ärzte evtl. durch Versorgungsverträge bzw. Rabattvereinbarungen **einzelner** Kassen zu einem entsprechenden Verhalten motiviert werden können (Verordnungsanreize).

An einem Datensatz der Arzneimittelverordnungen für rund 400.000 BKK-Versicherte aus den Jahren 2000 und 2001, mit denen sich das GKV-System modellhaft abbilden lässt, wurde in einer Simulationsrechnung der Frage nachgegangen, ob und wie das System gezielt beeinflusst werden kann. Inwieweit eine Kasse mit strategischen Gewinnen rechnen kann, ist abhängig von den anvisierten Wirkstoffen, ihren Preisen und dem prozentualen Anteil der von einer Intervention betroffenen Versicherten. Wirtschaftliche Vorteile erzielt eine Krankenkasse insbesondere dann, wenn sie möglichst vielen anderen Kassen mit

---

[5] Zu den methodischen Schwächen des Gutachtens vgl. *Peter Hernold, Christina König und Eva-Maria Malin*: „Der Morbi-RSA – Gutachterempfehlung auf tönernen Füßen", in die BKK 2/2005, S. 58 ff.

[6] Vgl. *Eva-Maria Malin*: "Fehlanreize durch arzneimittelbasierte Morbiditätszuschläge im Risikostrukturausgleich" in Gesundheits- und Sozialpolitik, Heft 1-2/2006, S. 43ff.

ihrer Strategie um mindestens ein Jahr voraus ist[7]. Bemerkenswert ist auch, dass schon mit der Verordnung einer einzigen Packung eines Wirkstoffs, die im Jahr erzielbaren Gewinne am höchsten sind. Denn bereits eine einmalige Verordnung löst den Zuschlag aus.

Zwei Beispiele mögen das illustrieren:

So ist etwa der Einsatz von Insulinen, der höhere „Zuschläge" auslöst, bei der Diabetesbehandlung im Rahmen der Therapie elastisch. Außerdem ist allgemein bekannt, dass es viele unentdeckte Diabetiker gibt und die Behandlung auch der bekannten Diabetiker nicht optimal verläuft. Modellversuche und spezielle Verträge der Kassen zur Verbesserung der Versorgung in diesem Bereich wären politisch daher durchaus erwünscht. Wen würde es also wundern, wenn bei einer solchen segensreichen Initiative einer Kasse plötzlich die Insulinversorgung ihrer Versicherten rapide anstiege, und der Zuschlags-„Segen" ihr im RSA zugute käme. Ob das im Hinblick auf die Versorgungsqualität sinnvoll wäre, steht jedoch auf einem anderen Blatt.

Ein anderes Beispiel ist die medikamentöse Therapie von Depressionen.

Unter den gegebenen Wettbewerbsbedingungen wird keine Kasse darauf verzichten können, an dem „Strategiespiel" teilzunehmen. Das gilt auch, wenn sich alle beteiligen und sich alle Sondereffekte zu Gunsten und zu Lasten einzelner Kassen aufheben. Dann wäre genau das eingetreten, was grundsätzlich aus der Anlage eines morbiditätsbezogenen RSA zu befürchten ist, nämlich ein **allgemeines** Ausgabenwachstum im Arzneimittelbereich.

„Die Gefahr eines beschleunigten Ausgabenwachstums im Arzneimittelbereich besteht offenkundig aber auch dann, wenn die skizzierten Fehlanreize *nicht* zu manipulativen Strategien bei den Krankenkassen führen. Allein die Tatsache, dass die mit zusätzlichen oder besonders teuren Verordnungen verbundenen Morbiditätszuschläge die unmittelbaren Kosten der Versorgung erheblich übersteigen, reduziert das Interesse der Krankenkassen an einer effektiven Ausgabenbegrenzung und macht sie damit als Korrektiv gegen die Marktmacht der Pharmakonzerne obsolet"[8].

---

[7] *Corinne Behrend, Reinhard Busse, Stefan Felder, Jürgen Wasem*: „Finanzielle Effekte von RxGroups-klassifizierter Arzneiverordnung in einem morbiditätsorientierten Risikostrukturausgleich – eine konzeptionelle und empirische Analyse", Beitrag des Wissenschaftlichen Beirats der Betrieblichen Krankenversicherung, Februar 2006, Essen, S. 38.
[8] *Eva-Maria Malin*, 2006, a.a.O., S. 46f.

Um es noch einmal zu unterstreichen: Die Arzneimittelkomponente des vorge-schlagenen Klassifikationssystems ist tatsächlich strategieanfällig. Und diese Strategien können durch Versorgungsverträge nicht nur legitimiert, sondern auch für einen bestimmten Zeitraum exklusiv für einzelne Kasse genutzt wer-den. Das System gefährdet insoweit die Therapiefreiheit und Versorgungsge-rechtigkeit und birgt massive Kostenrisiken.

Diesen Manipulationsanreizen könnte selbstverständlich entgegengewirkt wer-den. Das würde jedoch weitere Sonderregelungen (Schwellenwerte der Verord-nungshäufigkeit etc.) erforderlich machen, die den Charakter einer weiteren Drehung der Interventionsspirale hätten. Der noch am ehesten gangbare (imma-nente) Lösungsweg wäre der Umstieg auf ein anderes System der Arzneimittel-gruppierung. Hier böte sich das niederländische Modell an, das im Gutachten bisher eher geringgeschätzt wurde. Dieses Zuschlagsystem hat beispielsweise nur 12 Arzneimittelgruppen, während das von den Gutachtern bevorzugte Sys-tem 155 RxGroups und 180 Diagnosegruppen umfasst.

Gegen die skizzierten Fehlanreize wurde eingewandt, sie seien vor allem theore-tische Konstruktionen und bekämen keine praktische Relevanz. Die beteiligten Akteure des Gesundheitswesens hätten kein Interesse bzw. keine reale Möglich-keit für entsprechende Einflussnahme. Das BMG hatte daher Professor Gerd Glaeske, Bremen, beauftragt, das Klassifikationsmodell RxGroups unter diesem Gesichtspunkt zu überprüfen[9]. Dabei kann man es sich jedoch nicht so einfach machen wie der Gutachter. Glaeske räumt zwar grundsätzlich Manipulations-möglichkeiten ein, immunisiert sich jedoch in den vorangestellten Überlegungen seiner Expertise gegen ihre mögliche Relevanz. Nach seiner Meinung würden entsprechende Strategien z.B. am Ethos der Ärzte scheitern, die sich in ihren therapeutischen Entscheidungen nicht beeinflussen lassen würden. Und der Wettbewerb der Krankenkassen und Ärzte würde sicherstellen, dass das Verfol-gen von speziellen Vorteilsstrategien einzelner Kassen nicht zum Erfolg führt. Diese Argumentation überzeugt jedoch nicht.

Auf die vertragspolitischen „Stabilisatoren" bzw. Legitimationsmöglichkeiten solcher Strategien habe ich schon hingewiesen. Und jedem, der die „Szene" kennt, müssen diese Erwägungen Glaeskes als ziemlich blauäugig vorkommen. Außerdem muss an die alte Weisheit erinnert werden, dass die Antizipation von Umgehungsstrategien solcher Regelungen meistens ziemlich blass erscheint,

---

[9] *Glaeske, Gerd* (2005): „Anpassung des Klassifikationsmodells RxGroups an die speziellen Voraussetzungen in der GKV", Gutachterliche Expertise für das Bundesministerium für Ge-sundheit.

wenn man sie zu einem späteren Zeitpunkt mit den Erfahrungen der **tatsächlichen** Kreativität der Akteure konfrontiert. Schließlich gilt auch hier: Die Strategen sind den Kontrolleuren und Regulierern immer um eine Runde voraus.

Mein Zwischenergebnis ist:

Wenn politische Steuerungsinstrumente zu filigran ziseliert sind, zu komplex werden, steigt trotzdem der Ehrgeiz derer, die sie umgehen oder unterlaufen wollen[10].

Schließlich muss in diesem Zusammenhang auch erwähnt werden, dass die RxGroups bisher nicht im Zusammenhang eines Finanzausgleichs zwischen Kassen zum Einsatz gekommen ist. Auch wenn die Gutachter eine andere Vermutung nahe legen, ist die bisherige praktische Anwendung m. W. auf Fragen der Honorarverteilung in Versorgungsnetzwerken konzentriert. Auch unter diesem Gesichtspunkt wäre daher eine genauere Prüfung des niederländischen Modells von Bedeutung, wenn man überhaupt am Ziel einer weiteren Verfeinerung der Morbiditätsabbildung im RSA festhält.

Junktim mit Regelleistungsvolumen

Die Betriebskrankenkassen haben frühzeitig darauf aufmerksam gemacht, dass auch die Morbiditätsorientierung der Regelleistungsvolumen (RLV nach § 85a ff. SGB V) erhebliche Kostenrisiken für die gesamte GKV birgt. Das ist also kein kassenartspezifisches Thema. Wenn die Ärzte über die von ihnen selbst aufgeschriebenen Diagnosen maßgeblich ihr Einkommen beeinflussen können, führt das zwangsläufig zur Selbstbedienungsmentalität. Das gilt auch, wenn die Krankheitsbestimmung der Versicherten über die Arzneimittelverordnungen vermittelt wird.

Welche Sprengkraft hier für die Beitragssätze liegt, illustrieren die aktuellen Ärztedemonstrationen. Mit den verordnungsbasierten Morbiditätsindikatoren würden die Ärzte zu derjenigen Gruppe im Gesundheitswesen, die wie keine andere ihr Einkommen durch autonome Feststellungen dynamisieren könnte. Inzwischen ist dieses Problem allerdings in der Politik „angekommen". Einige

---

[10] Das zeigt auch der GKV-Arzneimittelmittelmarkt (zuletzt am Beispiel des AVWG). Der ist so überreguliert, dass man schließlich kaum noch weiß, welche Effekte auf welche Instrumente zurückzuführen sind. Und die kombinierte Schlaumeierei aller Beteiligten führt trotzdem nicht zu einem kostensparenden Wettbewerb und zu einer rationalen Arzneimitteltherapie.

Beteiligte haben begriffen, dass die Morbiditätsorientierung der RLVs noch einmal gründlich überdacht werden muss und wollen entsprechende Prüfungen.

Es gibt jedoch eine Übereinstimmung bestimmter Krankenkassen, die vom morbiditätsorientierten RSA profitieren wollen, mit den Einkommensinteressen der Ärzteschaft. Das erklärt bereits hinreichend, warum der AOK-Bundesverband und die BARMER-Ersatzkasse sowie die Kassenärztliche Bundesvereinigung (KBV) im Frühjahr des Jahres 2005 eine gemeinsame Initiative für die Morbiditätsorientierung gestartet haben. Bedauerlich ist, dass sich die Politik noch nicht vollständig von diesem interessengeleiteten Junktim M-RSA und morbiditätsorientierte RLVs gelöst hat. Das hat sich zuletzt bei den im Januar bekannt gewordenen „Eckpunkten zur Weiterentwicklung des Vertragsarztrechts" gezeigt.

Die beschriebene Interessenkonstellation mahnt zur Skepsis: Wenn Indikatoren aus dem Versorgungsgeschehen *gleichermaßen* zur Grundlage der Vergütung der Leistungserbringer wie der RSA-Ausgleichsansprüche der Krankenkassen gemacht werden, hätten Krankenkassen wie Leistungserbringer *ein gemeinsames Interesse an teuren Fällen*. Beitragssatzstabilität würde zum Fremdwort in der GKV. Und der Wettbewerb würde auf den Kopf gestellt.

Auswirkungen einer großen Finanzreform der GKV auf den RSA

Die verschiedenen, gegenwärtig diskutierten Maßnahmen zur Finanzreform der GKV hätten zum Teil erhebliche Auswirkungen auf die im Risikostrukturausgleich (RSA) organisierte Umverteilung zwischen den Krankenkassen. Die folgenden Überlegungen sind dabei vorläufig, erheben keinen Anspruch auf Vollständigkeit und sollen zu weitergehenden Diskussionen anregen.

Beim RSA sind grundsätzlich zwei Seiten zu unterscheiden: Der Finanzkraftausgleich, der den Einkommensausgleich in der GKV organisiert und der Krankheitskostenausgleich, der auf der Ausgabenseite – unter Wahrung wettbewerblicher Anreize zwischen den Kassen - den Morbiditätsausgleich operationalisieren soll[11].

---

[11] Wenn im folgenden Tableau von „Ausgabenausgleich" gesprochen wird, ist das terminologisch etwas unpräzise. Natürlich werden nicht die *tatsächlichen* Ausgaben der einzelnen Kassen für ihre Versicherten ausgeglichen, sondern nur die in den RSA-Profilen durchschnittlichen Leistungsausgaben der verschiedenen nach Alter, Geschlecht, Erwerbsminderungsstatus, Teilnahme an diversen Disease-Management-Projekten etc. differenzierten Versichertengruppen.

Tableau 1

Große Finanzreform der GKV + Risikostrukturausgleich I	RSA			
	Einkommensausgleich		Ausgabenausgleich	
Maßnahme	UV-Volumen zwischen den Kassen	Struktur* (reich nach arm)	Volumen gesamt	Struktur (gesund für krank)
Ausweitung des versicherten Personenkreises				
- abhängig Erwerbstätige	verstärkt	verstärkt	verstärkt	verstärkt
- Beamte	verstärkt	?	verstärkt	verstärkt ?
- Selbständige	verstärkt	(verstärkt)	verstärkt	verstärkt ?
- Arme / Sozialhilfe	(verstärkt) kostendeckend? mit Steuerzuschuss?	verstärkt ?	verstärkt	verstärkt ?
Steuerfinanzierung versicherungsfremder Leistungen (z.B. für Kinder)	vermindert	verstärkt	unverändert	neutral
Gesundheitsprämie (und entsprechende Mischmodelle)	entfällt ggf. anteilig	verstärkt ?	unverändert	neutral
Einbez. anderer Einkommensarten				
- Verbeitragung	verstärkt	verstärkt	unverändert	neutral
- Zinsabgeltungssteuer	vermindert	verstärkt	unverändert	neutral
Erhöhung der Beitrags-Bem.Grenze	verstärkt	verstärkt	unverändert	neutral
Ehegattensplitting	verstärkt	verstärkt	unverändert	neutral
Übergang zur (Teil-)Kapitaldeckung	würde ein völlig neues Ausgleichssystem erfordern			
* in und außerhalb des RSA				

Tableau 2

Große Finanzreform der GKV + Risikostrukturausgleich II	RSA			
	Einkommensausgleich		Ausgabenausgleich	
Maßnahme	UV-Volumen zwischen den Kassen	Struktur* (reich nach arm)	Volumen gesamt	Struktur (gesund für krank)
Festschreibung des AG-Beitrags	unverändert	minus/plus?	unverändert	neutral
Auszahlung des AG-Beitrags	unverändert	minus/plus?	unverändert	neutral
Lohnsummensteuer (ggf. mit Einheitssatz von 6,5% auf die Bruttolohnsumme)	unverändert	verstärkt	unverändert	neutral
differenzierte Beitragssätze für AKV und KVdR (über das Krankengeld hinaus?)	??	vermindert	unverändert	vermindert
progressive Beiträge	verstärkt !!	verstärkt !!	unverändert	verstärkt ?
Einbeziehung der PKV (als Institution, wie sie z.Z. ist, z.B. mit Sonderabgabe oder Vers.-Steuer)	?	verstärkt	unverändert ?	verstärkt ?
Wahltarife	vermindert	vermindert	vermindert	vermindert
Leistungsausschlüsse und Erhöhung der Selbstbeteiligung	abhängig von der Ausgestaltung und den betroffenen Leistungsbereichen			
Ausgliederung von Leistungen in eine private Versicherungspflicht	abhängig von der Ausgestaltung und den betroffenen Leistungsbereichen			

Die Hauptstoßrichtung der Reform betrifft die Gewinnung neuer bzw. zusätzlicher Finanzmittel für die GKV und die gerechtere Verteilung bei der Aufbringung dieser Mittel. Daher wird bei den verschiedenen diskutierten Maßnahmen die Einnahmeseite bzw. der Einkommensausgleich im allgemeinen mehr berührt als die Ausgabenseite. Sobald jedoch das Ausgabenvolumen der GKV verändert wird (sei es durch Veränderungen des versicherten Personenkreise, sei es durch Änderungen im Leistungskatalog oder bei den Zuzahlungsregelungen), ändern sich auch die Umverteilungswirkungen beim Krankheitskostenausgleich.

Ausgabenseite

Es zeigt sich insgesamt, dass die **Ausgabenseite** vor allem bei Veränderungen des versicherten Personenkreises berührt ist, was jeweils das Gesamtvolumen der GKV-Ausgaben erhöhen würde und naturgemäß auch die Zusammensetzung der Krankheitsrisiken der Gesamtklientel der GKV, aber auch die der einzelnen Kassen verändert.

- Zuwächse bei den *abhängig Erwerbstätigen* sind nur durch die Anhebung/Aufhebung der Versicherungspflichtgrenze möglich. Da es sich bei diesen Personen um relativ gut verdienende Arbeitnehmer handelt, dürfte sich dadurch der Einkommensausgleich verstärken. Da diese Personengruppe aber auch tendenziell gesünder als der Durchschnitt sein dürfte, wäre auch mit einer Verstärkung des Ausgabenausgleichs zugunsten der Kränkeren zu rechnen.

- Bei einer Einbeziehung der *Beamten* müsste unterschieden werden, ob alle Beamte und Pensionäre (derzeit Beihilfeberechtigte) sofort einbezogen würden, oder ob nur die neu hinzukommenden Beamten eingegliedert würden. Das hätte erhebliche Unterschiede in der zu beachtenden Einkommens- und gesundheitlichen Risikostruktur zur Folge. Jedenfalls die Einkommensstruktur der Beihilfeberechtigten im Bestand dürfte nur wenig besser sein als der Durchschnitt der GKV-Mitglieder und auch ihre Kostenstruktur dürfte nicht sehr viel günstiger sein als der GKV-Durchschnitt. Auch bei den *Selbständigen* dürfte sich die Lage ähnlich darstellen wie bei den Beamten; genauere Daten fehlen hier allerdings.

- Bei einer Einbeziehung der bisher aus Armutsgründen *nicht versicherten Personen* käme es sehr darauf an, wer wie viel an Beitrag für sie entrichten würde. Aus der Perspektive der GKV relativ günstig ist die Situation der *Sozialhilfeempfänger* zur Zeit in § 264 SGB V geregelt: Sie sind leistungsrechtlich voll in das GKV-System integriert; ihre Kosten werden jedoch leistungsgenau von der GKV gegenüber den Sozialhilfeträgern abgerechnet. Es gibt also eine (annähernd) kostendeckende Erstattung. Wenn aber Arme und auch die bisherigen Sozialhilfeempfänger als reguläre Mitglieder in die GKV einbezogen würden, würde sich der Ausgabenausgleich für sie nur bei einer (unwahrscheinlichen) kostendeckenden Beitragsgestaltung nicht sehr verstärken. Das gleiche gilt für die Ausgabenseite, denn bei ihnen ist mit einer überdurchschnittlichen Krankheitsbelastung zu rechnen.

Selbstverständlich würden sich auf der Ausgabenseite auch alle diskutierten Maßnahmen zur Veränderung des RSA selbst auswirken - unabhängig von der einen oder anderen Form der Morbiditätsorientierung. So würde z.b. eine Vergrößerung des Risikopools wahrscheinlich die Umverteilungsintensität „gesund für krank" erhöhen. Das gleiche gilt vermutlich für die Einführung weiterer Disease-Management-Programme, speziell für die im Koalitionsvertrag geplante Einführung eines DMP für Multimorbide. Oder auch für die Einführung zusätzlicher Leistungen, wie die trotz der schlechten Einnahmesituation der GKV geplante Verbesserung bei der Palliativmedizin.

Einkommensausgleich

Umgekehrt wirken die meisten der seit längerem diskutierten Maßnahmen für eine Finanzreform der GKV stark auf den **Einkommensausgleich** und wirken dort fast immer in Richtung auf eine Verstärkung der Ausgleichsintensität „reich für arm". Die folgenden Erläuterungen zu den Maßnahmen im Einzelnen:

- **Steuerzuschüsse** würden – allein schon aus technischen Gründen – immer direkt in den RSA-Topf fließen und damit das durch Beiträge aufzubringende – und damit dem Einkommensausgleich innerhalb der GKV unterworfene – Volumen verringern. Das gilt für die Überlegungen zu diversen (mehr oder weniger zweckgebundenen) Steuererhöhungsideen wie Solis, Mehrwertsteuer etc., aber auch für die derzeitige Tabaksteuer-Subvention der GKV, das SPD-Projekt einer Zinsabgeltungssteuer oder für die (bisher nicht ausgeschlossene) Erhöhung bzw. Einführung der Versicherungssteuer für PKV-Prämien.
- Alle **Fondsmodelle** wie in den Niederlanden (Finanzamtslösung des Beitragseinzugs) und wie sie auch im „Drei-Säulen-Modell" von Wasem vorgeschlagen werden, wirken ebenso. Das gilt natürlich auch für die jüngsten Vorschläge von Herrn Kauder.
- Eine denkbare Alternative zu pauschalen **Steuerzuschüssen** wäre immer ein genau abgerechnetes Erstattungsverfahren zwischen der Krankenkasse (oder den Leistungserbringern) und dem Finanzamt für definierte Leistungen (also

beim gegenwärtigen Zuschuss aus der Tabaksteuer für die entsprechenden GKV-Leistungen wie Mutterschaftsgeld etc.). Hier läge die Inzidenzproblematik bzw. -bewertung ebenfalls allein im Bereich der Steuern.

- Die **Verteilungswirkungen** bzw. ihre Veränderungen sind naturgemäß davon abhängig, welche Steuern bei einer solchen Reform erhöht bzw. neu eingeführt würden.

- Es gilt natürlich auch, dass sich die Transfers zwischen Kassen im Rahmen des Einkommensausgleichs grundsätzlich (von der Richtung) ähnlich verhalten wie die interpersonellen Transfers. Denn die Mitglieder der Kassen unterscheiden sich gerade nach Einkommen, Alter und Geschlecht etc.

- Ebenso bekannt ist, dass (aus verschiedensten Gründen) eine hohe Korrelation zwischen Einkommen und Gesundheit besteht (aber nicht unbedingt auch den Behandlungskosten).

- Bei einer **Ausweitung des Personenkreises** ist die Umverteilung (auf beiden Seiten) davon abhängig, wie hoch der finanzielle „Beitrag" dieser Gruppen wäre (gleichgültig ob er durch Beiträge oder Prämien erhoben würde) und wie hoch ihr jeweiliges gesundheitliches Risiko ist.

- Wenn die **PKV in ein gemeinsames Umlageverfahren** von GKV und PKV (wie in den Niederlanden) einbezogen würde, gelten die Überlegungen analog, die bei der Erweiterung des versicherten Personenkreises angesprochen wurden.

- Bei der **Einbeziehung anderer Einkommensarten** in die Verbeitragung würde sich ebenso wie bei der Erhöhung der Beitragsbemessungsgrenze oder der Einführung des Ehegattensplittings der Einkommensausgleich verstärken. Denn es würden jeweils von besser verdienenden Personengruppen zusätzliche Einkommensbestandteile in den Ausgleich mit einbezogen.

- Eine **Differenzierung der Beitragssätze** zwischen allgemeiner Krankenversicherung (AKV) und Krankenversicherung der Rentner (KVdR) wird gelegentlich auch unter dem Gesichtspunkt der Verbesserung der „Generationengerechtigkeit" gefordert. Nach diesen Überlegungen soll für die Rentner der Eigenfinanzierungsanteil erhöht werden bzw. der Zuschussbedarf für die KVdR aus der AKV gesenkt werden. Dadurch würde selbstverständlich der Einkommensausgleich (zwischen den AKV-Mitgliedern mit einem höheren beitragspflichtigen Einkommen und den Rentnern mit einem relativ niedrigen Einkommen) drastisch vermindert. Auch der krankheitsbezogene Solidarausgleich würde reduziert, weil die Rentner gegenüber den übrigen Mitgliedern als Gruppe auch eine höhere Krankheitshäufigkeit aufweisen.

- Eine zwar randständige, aber aus der Perspektive der Befürworter einer stärkeren Verstaatlichung der Gesundheitsfinanzierung nachvollziehbare Forderung ist die nach einer **progressiven Beitragsgestaltung**. Sie wird beispielsweise im Antrag der Bundestagsfraktion Die GRÜNEN „Progressiv-Modell statt Kombilohn" (BT-Drs. 16/446) vorgeschlagen. Logischerweise würden sich damit die Umverteilungswirkungen an die einer stärkeren Steuerfinanzierung angleichen, wobei jedoch bemerkenswert wäre, dass dann **innerhalb** des GKV-Systems Umverteilungen stattfänden, die ordnungspolitisch ins Steuersystem gehören.

- Auch die **Ausgliederung von Leistungsbereichen** in eine gesonderte (private) Versicherungspflicht wird diskutiert. Im Gespräch sind die Bereiche Zahnersatz, Zahnbehandlung, Krankengeld, private Unfälle etc.. Das würde erhebliche Auswirkungen auf das Gesamtvolumen des RSA haben. Die Umverteilungswirkungen hängen – je nach Leistung - davon ab, welche Personengruppen (soziale Schichten) besonders davon betroffen wären. Und auch die Ausgestaltung der entsprechenden Privatversicherung wäre genau zu betrachten: Wie weit dürfen risikoäquivalente Prämien berechnet werden? Welche Aufschläge für Sonderrisiken sind (bei grundsätzlichem Kontrahierungszwang?) erlaubt? Was sind die Rahmenbedingungen eines Standardtarifes? Wie weit würde sich das entsprechende PKV-Versicherungssegment einem Umlagesystem annähern? etc.
- Das Entsprechende gilt natürlich auch für **Wahltarife**, die z.B. mit Beitragsrückerstattung oder Selbstbehaltsmodellen regelmäßig zu einer Reduktion des Einkommensausgleichs und einer Verminderung des Krankheitskostenausgleichs beitragen *sollen*.

Von besonderer Bedeutung ist dabei die Frage, welche **Kombination** von Veränderungen es geben wird. Dabei wäre die Kombination der verschiedenen finanzwirtschaftlichen Maßnahmen schon für sich spannend genug. Nach dem aktuellen Stand der Ankündigungen soll die Gesundheitsreform aber nicht „nur" Finanzreform sein, sondern auch die Ausgabenseite betreffen und einmal mehr die sogenannten „Strukturen" verändern. Insoweit wären sehr vielfältige, hochkomplexe und zur Zeit kaum prognostizierbare Wirkungen auch auf den RSA (und zwar auf seine *beiden* Seiten) zu erwarten.

Fazit: Diskussion zum RSA noch einmal grundsätzlich öffnen

Das bisherige Verfahren zur Reform des RSA - seitens des Ministeriums und auch der beteiligten Gutachter - kann keineswegs als transparent und als den Gepflogenheiten wissenschaftlicher Diskussion entsprechend bezeichnet werden. Die Trennlinie zwischen Politik und Wissenschaft ist hier mehrfach verwischt worden. Aus heutiger Sicht zeigt sich jedoch, dass die Verzögerungen des Verfahrens und die offensichtliche Unsicherheit bei den Entscheidungen im BMG ihre Berechtigung und möglicherweise ihr Gutes gehabt haben.

Im Koalitionsvertrag wurde daher die Gelegenheit genutzt und eine sorgfältige Überprüfung der bisher vorgelegten Vorschläge zur Berücksichtigung der Morbiditätsrisiken sowie die Revision der zugrundeliegenden Datenbasis vereinbart. Man braucht also auf jeden Fall ein neues Gutachten mit aktuellen Daten.

Abschließend lässt sich somit feststellen: Seit der damaligen Entscheidung für eine „morbiditätsorientierte Weiterentwicklung" des RSA haben sich nicht nur die schon damals aufgebauschten Probleme weitgehend gelöst und zwar mit Hilfe des RSA nach Status quo, der deutlich besser ist als sein Ruf. Es sind auch neue Einsichten in Bezug auf den RSA und die Finanzierung der GKV insgesamt hinzugekommen, die dazu zwingen, über die Zusammenhänge neu nachzudenken. Das betrifft vor allem die Frage der nachhaltigen Finanzierung der Krankenkassen. Die Quantität und auch die Qualität der Umverteilung im Rahmen des RSA sind nämlich in erheblichem Ausmaß von der künftigen Form der Finanzierung der GKV abhängig.

Daraus folgt: Jetzt den RSA grundsätzlich umzubauen, ohne zu wissen, für welche Art der gesetzlichen Krankenversicherung er später passen muss, ist nicht sinnvoll. Deshalb muss erst über die Finanzierung der GKV entschieden werden, und dann über die Frage ob und wenn ja welche Reform des RSA danach noch nötig ist.

Herausforderungen an eine nachhaltige GKV-Finanzreform unter „Würdigung" des RSA

von Eike Hovermann

I. Einleitung

Ist das GKV-System überhaupt reformierbar? Ein Rückblick:

Viele Reformvorschläge zur Lösung der anstehenden Probleme im Gesundheitswesen sind in keiner Weise neu.

Dies wird überraschend deutlich bei einem Blick in eine Abhandlung des kürzlich verstorbenen Staatssekretärs a.D. Karl Jung[1].

Jung analysiert darin die acht Gesundheitsreformen in der Geschichte der Bundesrepublik. Ins Auge sticht, dass bereits Minister Theodor Blank im Jahre 1959 bei einer ersten GKV-Reform das Ziel verfolgte, das unkontrollierte Ansteigen der Kosten der Krankenversicherung im Interesse der Volkswirtschaft zu begrenzen.

Er schlug vor, eine durchgehende Selbstbeteiligung an den Kosten der ärztlichen Behandlung von jeweils 1,50 DM einzuführen. Zudem sollten die Patienten eine Rechnungskopie erhalten, um Kosten und Leistungen einsehen zu können. Zusätzlich sollte eine neue ärztliche Gebührenordnung eingeführt werden.

Dieses Gesetz scheiterte jedoch trotz absoluter Mehrheit der Union und trotz eines boomenden Wirtschaftswachstums mit hohen Lohnzuwächsen an der Gegenwehr der Gewerkschaften und der Ärzte, die mit Streik drohten, da sie sich gegen die Selbstbeteiligung sträubten und „keine Registrierkassen in den Praxen aufstellen wollten".

Auch in der ersten Großen Koalition (1965 bis 1969) kam es laut Jung nicht zu einem in sich geschlossenen Reformkonzept, sondern zu einer Reihe von Einzelgesetzen, die allesamt in ein und dieselbe Frage einmündeten:

---

[1] *Karl Jung*: „Modernisierung des Gesundheitswesen – Der Umbau hat begonnen", in: Gesellschaftspolitischer Informationsdienst (gid) – Supplement März 2006.

Wie soll und kann das Gesundheitssystem gesteuert werden?

Nachdem die Nachfolgerin von Norbert Blüm, Gesundheitsministerin Gerda Hasselfeld, auf ausdrückliche Anordnung des Bundeskanzlers – Zitat Jung – „gegenüber Ärzten, Pharmazeutischer Industrie und Apothekern einen Schmusekurs" fuhr, stiegen die Defizite der Kassen in 1992 auf 9,1 Milliarden DM, der Beitragssatz auf 13,4 Prozent. Also auch damals schon eine illegale Verschuldung.

Das Jungsche Resümee:

„Allein die Krankenversicherung hat sich allen wirklichen und umfassenden Reformbemühungen weitgehend entzogen." (…) „Es ist die Vielfalt von Interessensgruppen (…), deren Festhalten an erworbenen Besitzständen die Reformen in der Krankenversicherung so unsäglich schwierig machen."

Diese Ausgangssituation hat sich bis heute offenbar in keiner Weise verändert. Schon von daher bleibt zu fragen, ob wir mit Reparaturen weiter kommen können, oder zu grundsätzlichen Strukturreformen auf der Ein- und Ausgabenseite kommen müssen, damit uns der Reformdruck nicht in zwei Jahren erneut einholt.

Zu einer solchen Strukturreform gehört meines Erachtens insbesondere eine gründliche Überarbeitung des Risikostrukturausgleich (RSA).

II. Zielvorstellung und Probleme des RSA:

Von einer guten Idee…

Vor Jahren sagte Horst Seehofer, dass seiner Erfahrung nach allenfalls drei bis fünf Spezialisten die Mechanik des RSA wirklich verstünden – er gehöre nicht dazu.

Der RSA wurde Anfang der 90er Jahre eingeführt, um Wettbewerbsverzerrungen im Zuge des freien Kassenwahlrecht zu verhindern. Von Beginn an knüpften sich an den RSA folgende Erwartungen:

- Die Versorgung sollte transparenter und gerechter werden.
- Der Wettbewerb sollte durch gleiche Ausgangsbedingungen ohne Risikoselektion gestärkt werden.

Meines Erachtens war der Wettbewerbsbegriff von Anfang an unklar definiert, zumal alle Kassen z.B. unauflöslich „einheitlich und gemeinsam" an einen bundesweit fast identischen Leistungskatalog gebunden sind, der seither in der Selbstverwaltung auch mit Bindung an den RSA definiert wird.

...zum schlechten Ergebnis

Mit anderen Worten: Wirklicher Wettbewerb innerhalb der GKV-Kassen ist strukturell nicht nur nicht vorhanden, sondern mit den herrschenden Regularien auch gar nicht möglich.

Auch die Transfermechanismen im RSA haben dazu geführt, dass die finanzielle Schieflage einiger Kassen lange Zeit unbemerkt blieb.

Auch deshalb wäre zu wünschen gewesen, dass der Bundesrechungshof schon vor 2004 sein lange gefordertes Prüfungsrecht auf die gesetzlichen Krankenversicherungen hätte ausdehnen können.

Schon in den Jahren vor 2004 hatten nämlich die Präsidentinnen und Präsidenten der Landesrechnungshöfe und des Bundesrechnungshofes festgestellt, „dass im Bereich der Sozialversicherung Kontrolldefizite bestehen."[2]

Im Jahre 2004 lag es aber nach Meinung des Bundesrechnungshofes auf der Hand, „**die Prüfungsbefugnisse der Rechnungshöfe auf solche finanzwirtschaftlichen Entscheidungen der Sozialversicherungsträger auszudehnen, die sich auf die staatliche Verantwortung für die Einhaltung der Referenzwerte auswirken.**" Hiermit waren die Maastricht-Kriterien zur Verschuldungsobergrenze einbezogen. Nach Meinung des Bundesrechnungshofes sollte er – der Rechnungshof – im Interesse einer umfassenden parlamentarischen Finanzkontrolle das Recht haben, im Rahmen einer Prüfung „**der Haushalts- und Wirtschaftsführung einzelner Krankenkassen festzustellen, ob die der Reform zugrunde liegenden politischen Erwartungen erfüllt wurden.**"

Nach Meinung des Bundesrechnungshofes „ist die unabhängige Kontrolle des Bundesrechnungshofes hier als Voraussetzung für die sinnvolle Wahrnehmung demokratisch-parlamentarischer Kontrolle der Selbstverwaltung und zugleich

---

[2] Weil bis Ende 2003 vom Bund keine Zuschüsse gezahlt noch Garantieverpflichtungen übernommen worden waren, bestand bis dahin kaum die Möglichkeit, Prüfungsrechte geltend zu machen. Siehe dazu auch die Hinweise auf die 9,1 Mrd. Defizite von *Karl Jung*.

als Voraussetzung für eine lebendigere Demokratie der selbst verwalteten Einheiten zu verstehen."

Leider war das Bundesministerium für Gesundheit und Soziale Sicherung (BMGS) in 2004 – abweichend von den Intentionen des Bundesrechnungshofes – nicht für ein umfangreicheres Prüfungsrecht zu erwärmen.

Die Bewertung des Bundesrechnungshofes war kurz und lapidar: **„Die Forderung des Bundesministeriums nach einer Einschränkung der dargelegten Prüfungsbefugnisse lässt sich nicht auf der Grundlage bestehender Gesetze begründen."**[3]

III. Wie geht's weiter – verfeinern oder entrümpeln?

Trotz RSA-Einführung bleiben nach wie vor folgende Klagen und Erkenntnisse bestehen:

* Die mantrahafte Klage über einen Wettbewerb mit ungleichen Spießen.
* Die Zunahme von Regulierungsdichte statt des geforderten Gegenteils.
* Die Transparenz konnte auf diesem Weg nicht verbessert werden – außer vielleicht für wenige Auserwählte, die bis heute wissen, wie es im und mit dem Regulierungsdickicht funktioniert, und die das Ganze deshalb auch gerne erhalten möchten. Denn wer ließe sich schon gerne auf wirklich neue Wege ein, wenn ihm die alten zur Haushaltskonsolidierung bisher genutzt haben?

Anders gesagt: Die bisher ständig verfeinerten Finanzierungsmechanismen und mit ihnen die RSA-Systematik haben nicht wie seinerzeit gesetzgeberisch beschlossen funktioniert.
Nun kann man daraus im Grundsatz nur zwei Schlüsse ziehen:

1. Die beschlossene RSA-Systematik und -Mechanik war noch nicht ausgereift. Sie muss verfeinert werden. **Oder:**

---

[3] Ich will damit in keiner Weise in eine rechtliche Würdigung eintreten. Das können andere fachkundiger. Ich möchte nur daran erinnern, dass der damalige Schuldenstand der Kassen auf einem „illegalen" Höchststand angelangt war und damit auch zum Überschreiten des Maastricht-Wertes von 3 Prozent beigetragen hat. Dies ist nicht in Ordnung gewesen. Nach wie vor gilt aber m.E. die Erkenntnis der Rechnungshöfe, dass es deutliche Kontrolldefizite im Bereich der Sozialversicherung gibt.

2. Die beschlossene RSA-Systematik muss entrümpelt und abgeschmolzen werden und von anderen, neuen Mechanismen begleitet werden, mit denen die oben genannten Ziele Transparenz, Gerechtigkeit, Abbau unnötiger Regulierung, mehr Wettbewerb überhaupt erst erreicht werden können.

Im Streit um diese Varianten – „verfeinern oder entrümpeln" – war zu erwarten, dass die erstere bevorzugt werden würde. Beispielsweise auch wegen der extrem unterschiedlichen wirtschaftlichen Stabilität von Kassen, die z.T. bis hin zur „Fast-Pleite" reichten – was etwa im Verkauf kasseneigener Immobilien und deren Rückleasing sichtbaren Ausdruck findet, wie manche Analysten meinen. Der Gedanke an ein Verschwinden von Kassen wegen Insolvenz war und ist aus Sicht mancher großer Versorgerkassen – insbesondere der fußkranken – des Teufels.

So erleben wir jetzt Fusionen, die einen nachdenklich machen müssen, wenn man an schon eingetretene und durch künftige Fusionen entstehende Beitragserhöhungen denkt.

Erinnert sei an dieser Stelle daran, dass mit dem „Jahrhundertgesetz GMG" – so Professor Lauterbach – in 2005 ein deutlich unter 14 Prozent liegender Beitragssatz erreicht werden sollte. Und für 2006 waren ministeriell 12,15 Prozent angepeilt. Diese Senkungsvisionen waren konzipiert, um die Verlagerung von 0,9 Prozent auf die Schultern der Arbeitnehmer kompensieren zu können. Nun ist deren Beitragsbelastung höher als vor der Reform und wird noch weiter steigen.

Daher die hektische Diskussion über neue Finanzierungswege und Besuche in den Niederlanden, in der Schweiz, vielleicht bald in Singapur und Taiwan – denn auch das letztgenannte Land soll ja eine Bürgerversicherung eingeführt haben.

Die Wiesen der andern sind auch nicht grüner...

Zu Holland und der Schweiz bleibt neben vielen anderen Erkenntnissen an Folgendes zu erinnern:

- Mit der Privatisierung der Kassen in Holland wird nur eine der drei Säulen reformiert, nämlich die soziale Pflichtversicherung (ZFW), die nur rund 50 Prozent der anfallenden Kosten abdeckt.

- Zur Vermeidung sozialer Schieflagen sollen nach derzeitiger Planung rd. 2,5 Mrd. Euro p.a. vom holländischen Staat zufinanziert werden. Auf Grund konjunktureller Dellen ist in der Schweiz der Zuschuss zu den Prämien von 1,5 Mrd. auf derzeit 4,8 Mrd. Franken gestiegen. Professor Wynand van de Veen von der Universität Rotterdam geht mit vielen anderen davon aus, dass „etwa zwei Drittel aller holländischen Haushalte zusätzliche staatliche Unterstützung benötigen." Das heißt also, dass der bisher eingerechnete staatliche Zuschuss in den Niederlanden in keiner Weise reichen wird. Das heißt auch, dass die Tendenz zu weiteren Ausgliederungen von Leistungen zunimmt bzw. es eine Entwicklung geben wird hin zu mehr privaten Zusatzversicherungspaketen.

- Die Kassen verlieren in den Niederlanden ihren Status als Körperschaft des öffentlichen Rechts. Eine interessante Entwicklung für Kassen und KVen im GemBA. An die Stelle des Sachleistungsprinzips kann das Kostenerstattungsprinzip treten und anderes mehr.

- Die niederländische Regierung schreibt einen Katalog von Grundleistungen vor, was im Hinblick auf die EU und den freien Waren- und Dienstleistungsverkehr noch zu erheblichen Problemen führen wird.

Bei näherem Hinsehen wird deutlich, dass auch in diesen beiden Ländern – Holland und Schweiz – die Kerndebatten über Grenzen von Wachstum und damit über die Grenzen der Leistungsfähigkeit des Sozialstaats fehlen.

IV. Einiges daher zu den nationalen gesellschaftlichen und wirtschaftlichen Rahmenbedingungen, in die die Gesundheitspolitik eingebettet ist

Bundesfinanzminister Peer Steinbrück hat in einer Rede[4] hierzu vor kurzem unter dem Motto: Es geht nicht mehr das „sowohl–als auch" sondern nur noch ein „entweder–oder" an folgendes erinnert:

- Derzeit lasten auf allen staatlichen Ebenen vom Bund über die Länder bis hin zu den Kommunen Schulden in Höhe von 1,5 Billionen Euro. Mit weiteren Verpflichtungen liegt das Gesamtvolumen wohl bei vier Billionen Euro. Bisherige öffentliche Zuschüsse – wie etwa im Bereich der dua-

---

[4] Beim Neujahrsempfang der Industrie- und Handelskammer Frankfurt am Main am 10. Januar 2006.

len Finanzierung – brechen weg mit den entsprechenden Folgen für die ambulante wie stationäre Versorgung.

- Elf Bundesländer haben derzeit keinen verfassungskonformen Haushalt mehr.
- Die EU-Verschuldungsgrenze von drei Prozent kann nicht weiterhin umgangen werden.
- Ebenso wenig darf der Artikel 115 GG weiterhin „gebrochen" werden. Hier geht es nach Professor Papier auch um das Verhältnis der älteren zur jüngeren Generationen – um die Frage der Belastung nachfolgender Generationen durch heutige Schuldenaufnahmen[5].
- Die Mehrwertsteuererhöhung und das Absenken von Bundeszuschüssen werden den Gesundheitsbereich ebenso heftig berühren wie das kontinuierliche Absinken der Grundlohnsumme.[6]
- Das gesamtwirtschaftliche Wachstum wird in 2006 allenfalls zwischen 1 bis 1,5 Prozent liegen können. Keinesfalls bei 2,5 bis 3 Prozent, was für nachhaltig neue Arbeitsplätze und höhere Einnahmen der GKV und zusätzliche staatliche Steuerzuschüsse nötig wäre.

---

[5] So schreibt der KBV-Vorsitzende *Andreas Köhler* in RPG 2006, Heft 1, „dass die heutige Finanzierung der GKV nicht nachhaltig ist. Denn durch die Umverteilung der Mittel – vor allem von Jung nach Alt – werden junge und künftige Generationen enorm belastet. Dieser Belastung können sie dauerhaft nicht standhalten. Denn diese Generationen müssen nicht nur einen Teil des Verbrauchs der heute älteren Generation tragen, sie müssen gleichzeitig ihre jetzigen Ausgaben selbst finanzieren und eigentlich Rückstellungen für das eigene Alter bilden. Diese Dreifachbelastung ist der jetzt erwerbstätigen Generation nicht zuzumuten. Noch schlimmer würde es die Folgegeneration treffen. Wenn jetzt nicht gehandelt wird, und mehr Generationengerechtigkeit in die GKV kommt, wird die künftige Generation weder zahlungsfähig noch zahlungswillig sein. Optimale Nachhaltigkeit ist dann erreicht, wenn jede Generation eigene Ausgaben vollständig trägt."
[6] Interessant ist hierzu die aktuelle Einschätzung von *Jürgen Ahrens* (AOK), der in der Süddeutschen Zeitung vom 13. März 2006 Befürchtungen ausspricht, dass der GKV im Jahr 2007 mindestens fünf Mrd. Euro fehlen werden. Hier zeigt sich, dass immer noch eine unechte Entschuldungsdebatte geführt wird. Bislang konnte keine „echte" Entschuldung der Kassen erreicht werden, da die bisherige Entschuldung vor allem durch staatliche Subventionierung erreicht wurde – nicht aber durch innerstrukturelle Maßnahmen. Werden die Steuermittel nun zurückgefahren, werden die Beitragssätze der Kassen zwangsläufig steigen. Die FAZ vom 22. Februar 2006 fasst dies wie folgt zusammen: „Trotz Milliarden-Mehrbelastungen durch die Gesundheitsreform für die Patienten hat sich der Beitragssatz mit 14,2 Prozent vom Bruttoeinkommen bis zur Bemessungsgrenze kaum verändert. 0,9 Punkte tragen Arbeitnehmer und Rentner alleine." Die Finanzlage der Kassen hat sich stark verschlechtert – „zwar kann sich die GKV in diesem Jahr noch auf einen steigenden Steuerzuschuss von insgesamt 4,2 Mrd. Euro einstellen, doch wird dieser für das Jahr 2007 auf 1,5 Mrd. abgeschmolzen und dann ganz gestrichen."

- Die demografischen Entwicklungen werden keinen anderen Kurs einschlagen als bisher.
- Ebenso wenig wird der Erwartungsdruck infolge des medizinisch-technischen Fortschritts nachlassen[7]. Damit natürlich auch nicht der Kostendruck, wenn man „medizinisch notwendig" und das Kriterium „nach Stand der Forschung" nicht nur im Licht von Beitragssatzabsenkungen und Kassenlage beurteilen will. Hierzu ein Zitat von Professor Wasem[8]: „Wir müssen den Mut haben zu sagen, dass mancher medizinische Fortschritt für eine Pflichtversicherung schlicht zu teuer ist"
- Ebenso ist zu erinnern an den wachsenden Wettbewerb innerhalb der EU auch im Gesundheitswesen unter der Maßgabe: Freier Waren- und Dienstleistungsverkehr. Die entsprechenden Urteile seit Kohll-Decker bis heute sind bekannt. Auch das bedeutet, dass nationale Regulierungsmechanismen weiter zunehmend an Wirkmächtigkeit gegenüber Europa einbüßen. Darauf wird man sich mehr als bisher einstellen müssen.

Anders:

1. Wir haben erodierende Einnahmen.
2. Und wir haben ein *à la longue* stagnierendes Wachstum bei gleichzeitig steigendem Ausgabendruck, was weder durch eine Bügerversicherung, noch durch eine Kopfpauschale, noch durch ein aus beiden konstruiertes Y-Modell strukturell und nachhaltig behoben werden kann.

---

[7] Mit zunehmendem Alter – demographischer Wandel – wird die Anzahl der Alterserblindungen zunehmen. Als „pars pro toto"-Erkenntnis soll hier zum Thema Kostendruck über medizinisch-technischen Fortschritt im Zusammenhang mit dem demographischen Wandel auf die so genannte **Makuladegeneration (AMD)-Netzhautleiden** hingewiesen werden. Von dieser Krankheit sind im Alter derzeit rund 4,5 Mio. Bundesbürger betroffen. Diese Krankheit konnte bisher kaum erfolgreich therapiert werden, sie endet mit dem totalen Ausfall des Sehsinns in der Mitte des Gesichtsfeldes mit den entsprechenden Folgen und Folgekosten. Hier gibt es nun Avastin und Lucentis, die sich von der Erstattungspflicht durch die GKV nicht ausschließen lassen werden.
Hierzu der renommierte Essener Augenarzt, *Norbert Bronefeld*: „Wenn jeder AMD-Patient mit Lucentis behandelt wird, droht den Kassen der Kollaps." Es wird mit einem fünfstelligen Betrag pro Jahr und pro Patient gerechnet, da es sich um eine Dauerbehandlung handelt – rund eine halbe Milliarde Euro pro Jahr, und das nur für AMD-Behandlung. Tendenz aufgrund des demographischen Wandels steigend.
Ähnliches gilt für viele zukünftige Behandlungsfelder. Diese und andere Strukturprobleme lassen sich nicht durch die Einbeziehung von einem Zehntel der Bevölkerung (PKV) in die neun Zehntel Versichertenvolumina der GKV lösen.
[8] In der *Wirtschaftswoche* vom 19. Januar 2006.

Denn in konjunkturellen Abschwüngen fehlen sowohl die Steuermittel zur Mitfinanzierung der Gesundheitskosten wie auch die notwendigen Beitragsmehreinnahmen durch eine Bürgerversicherung. Letztere schleust ja nicht nur mehr Gelder ins System ein sondern zugleich auch mehr Nehmer.

Juristische wie finanztechnische Abwicklungsprobleme sind hinreichend von Ferdinand Kirchhof in seinem Artikel „Reform der Beitragssatzgestaltung unter verfassungsrechtlichen Gesichtspunkten?"[9] geschildert worden. Hier verweist er vor allem auf den Artikel 14 GG (Eigentumsschutz), Artikel 12 GG (Berufs- und Unternehmerfreiheit) und Artikel 9 GG (Recht auf freie Verbandsbildung). Darüber hinaus finden sich in seinem Aufsatz auch Anmerkungen zum Einbezug der PKV in den RSA nach den Vorgaben von §§ 266 ff. SGB V.

Seine Zusammenfassung ist kurz:

„Das Grundgesetz zeichnet nur wenige, aber scharfe Rechtskonturen für die Krankenversicherung vor, die Politik, Sozialverwaltung und Öffentlichkeit kaum bewusst sind. Eine Einwohner- oder Bürgerversicherung hat verfassungsrechtlich keine Chance. Das Modell der Gesundheitsprämie für eine Basissicherung ist leichter in Einklang mit der Verfassung zu bringen, setzt aber staatliche Zuschüsse voraus."

Ich ergänze: Die wir nicht haben.

Trotz all dieser gewichtigen Gedanken Ferdinand Kirchhofs sollte aber gleichwohl an Ausführungen des Bundesverfassungsgerichts aus dem Jahr 2004 erinnert werden, mit denen das damalige Anheben der Versicherungspflichtgrenze eindeutig gerechtfertigt wurde. Nämlich dadurch, dass die finanzielle Stabilität der GKV ein besonders wichtiges Gemeinschaftsgut sei.
Mit diesem Instrument der Anhebung der Versicherungspflichtgrenze bestünde somit durchaus die Möglichkeit, die Weichenstellung in Richtung Bürgerversicherung vorzunehmen und das Ende der PKV einzuläuten.
Die Frage allerdings bleibt, ob damit wirklich nachhaltige Stabilität erreicht werden kann, wenn im GKV-System nicht entscheidende Paradigmenwechsel vorgenommen werden.

---

[9] In: *Eberhard Wille / Manfred Albring* (Hrsg.): Versorgungsstrukturen und Finanzierungsoptionen auf dem Prüfstand, Band 53, 2005, S. 17 – 35.

Ich gehe hinsichtlich weiterer Finanzierungsüberlegungen davon aus, dass bisherige Reparaturinstrumente nicht mehr eingesetzt werden können und auch nicht sollten:

- **Höhere staatliche Zuschüsse**
- **Weitere offene oder verdeckte Verschuldungen**
- **Beitragserhöhungen**
- **Erhöhungen von Zuzahlungen und Ausgrenzungen von Leistungen nach Kassenlage** (denn das ist nichts anderes als indirekte, individuelle Beitragserhöhung im Krankheitsfall).

Diese Ausgangslage hat naturgemäß die Bemühungen von großen Versorgungskassen um Erhöhung von Transfergeldern aus dem RSA intensiviert.

Damit ist ein unglaublich komplexes Geflecht entstanden, das viele natürlich auch innig lieben. Denn mit der Komplexität des Systems lässt sich trefflich begründen, warum es keinen „Big Bang" geben kann, der alles auf einmal neu ordnet.

Richtig!
Aber: Man sollte vor allem nachhaltigere und wirklich neue Weichenstellungen überlegen und beschließen, mit denen die bisherige Kurzlebigkeit der Wirkungen von gesetzlichen Reparaturmaßnahmen beendet wird. Denn gerade die Kurzlebigkeit vieler „Jahrhundertgesetze" beeinträchtigt in hohem Maße:

- Planungssicherheit
- Investitionsbereitschaft
- Vertrauen in die Politik
- Besseres Miteinander von Patienten, Ärzten und Kassen in Richtung auf eine ehrlichere, gemeinsame Diskussion über die Leistungsfähigkeit und die Leistungsgrenzen unseres Sozialstaates gemäß Artikel 20 GG.

Die ständigen Nach- und Neuregulierungen in einzelnen Teilbereichen verhindern zunehmend jeden Neuanfang.

Und manche Vorschläge, wie etwa die der Ministerin für Arbeit, Soziales, Familie und Gesundheit aus Rheinland-Pfalz, Frau Malu Dreyer, sind diesbezüglich eine Offenbarung. So heißt es aus ihrem Munde:

„Vom Risikostrukturausgleich über die Zahlungen der Krankenkassen an die Kassenärztlichen Vereinigungen bis hin zu den Honoraren für Ärztin-

nen und Ärzte müssen wir für Transparenz und Verteilungsgerechtigkeit sorgen (...) ich plädiere dabei nachdrücklich für ein System, das den niedergelassenen Ärzten feste Preise für den Kernbereich der Versorgung zusichert (...), daher müssen innerhalb der gesetzlichen Kassen (GKV) und in Abgrenzung zur privaten Krankenversicherung (PKV) verlässliche und faire Spielregeln gelten (...) die private Krankenversicherung stünde auch künftig nach wie vor für Selbständige und Beamte offen (...) wir brauchen eine stärkere Unabhängigkeit von Schwankungen der Konjunktur, eine relative Unabhängigkeit von der Beschäftigungsstruktur und die Integration des demografischen Wandels in die Finanzierungsgrundlagen."[10]

Dazu ist – wie schon immer – nur festzustellen:

Eine Finanzierungsgrundlage, die unabhängig ist von Konjunkturschwankungen und von der Beschäftigungsstruktur, gibt es nicht. Ein Blick in die Versorgungsrealität der Schweiz würde hier helfen.

Eine PKV, die auf Selbständige und Beamte reduziert würde und die mit der Vorgabe leben soll, dass es eine einheitliche Vergütung für gesetzliche und privat Versicherte geben soll, verliert ihre bisherige Kalkulationsgrundlagen bzw. sie wird langsam eliminiert. Vom Zustrom neuer Risiken abgeschnittene Versichertenkollektive in der PKV vergreisen zwangsläufig und unaufhaltsam. Ihre steigenden Gesundheitskosten könnten zwar zunächst durch Altersrückstellungen aufgefangen werden. Ob diese Reserven aber bis zum Auslaufen der Vollversicherung in der PKV reichen, ist derzeit schwer abzuschätzen. Sicher ist allein, dass es auf der Basis geltender Kalkulationsgrundsätze wohl zu kontinuierlichen Beitragssatzerhöhungen kommen muss.

Eine PKV, die in die RSA-Systematik der GKV einbezogen wird, ist keine PKV mehr.

Mal davon abgesehen, ob das verfassungsrechtlich haltbar ist, bleibt bei einem Wegfall der PKV auch einzurechnen, dass den ambulanten und stationären Versorgungsstrukturen rund sechs bis acht Mrd. Euro pro Jahr an erhöhten PKV-Zahlungen verloren gingen.

Bei nachlassendem Wachstum, nachlassenden Beitragseinnahmen, hoher staatlicher Verschuldung sind feste Preise für ärztliche Leistungen weder in Punktwerten noch in Cent, noch via HVM oder EBM sicher zu fixieren.

---

[10] 17.Februar 2006 in der SZ.

Interessant wäre hier allenfalls die Begrifflichkeit der Ministerin, wenn sie vom „Kernbereich der Versorgung" spricht.

Ansonsten bleibt:

Es handelt sich um eher nicht zu Ende gedachte Versprechen, die wahlkampforientiert scheinen und ebenso wenig umsetzbar sind wie Horst Seehofers letzte Grundsatzformulierung vom Februar 2006:

„Arbeitgeberbeitrag einfrieren, Beitragszahler und Patienten aber nicht weiter belasten."[11]

V. Zur Würdigung des RSA im Zusammenhang mit seiner Koppelung an die DMP und seine Umwandlung in einen so genannten Morbi-RSA

Zu Anfang des Jahres 2005 gab es eine gemeinsame Aktion der KBV, der AOK (Dr. Ahrens) und der BARMER (Dr. Fiedler) zu Gunsten eines Morbi-RSA. Diese gemeinsame Aktion hatte ich bereits in einem Brief vom 21.April 2005 an die eben genannten Akteure und das Ministerium u.a. als „verwunderlich" kritisiert, da sie auf „unvollständiger Datenauswertung" basiere und zudem „weitere Belastung von Geberkassen" sowie „erneute Blockaden für die dringend notwendige Modernisierung der Selbstverwaltungsstrukturen" erzeuge.

Kurz darauf wandte sich auch Professor Klusen von der TK[12] an den KBV-Vorsitzenden Köhler. Aus seinem Brief will ich kurz vier Passagen zitieren:

1. „Unsere Irritation resultiert auch daraus, dass es noch nie eine von Seiten der KBV mit einzelnen Kassen festgelegte Position gegenüber der Politik

---

[11] Das Ziel, Arbeitgeberbeiträge <u>nicht</u> einzufrieren (*Platzeck*) und so den Leitwert: solidarisch-paritätische Finanzierung zu erhalten, ist emotional verständlich. Allerdings sollte nach genauer Analyse klar sein, dass der Arbeitgeberbeitrag in Hinsicht „solidarisch-paritätisch" schon seit langen Jahren faktisch eingefroren worden ist:
- via Zuzahlungen zu Arzneimitteln und stationärer Behandlung
- via Ausgrenzung von Leistungen (0,9 %)
- via gestiegener Beiträge durch das GMG entgegen aller vorherigen Senkungszusagen. Die Ursachen sind bekannt.
- via Überwälzung des Arbeitgeberbeitrags auf die Produktkosten oder Rationalisierung oder Verlagerung von Arbeitsplätzen ins Ausland.

[12] In einem Brief vom 27. April 2005.

gegeben hat, insbesondere dann, wenn sich Ihre Forderung ausschließlich auf ein Umverteilungssystem unter den Kassen bezieht."

2. „Herr Dr. Richter-Reichhelm hat noch im Oktober (2004) verdeutlicht, dass die GKV kein Ausgaben-, sondern ein Einnahmenproblem hat. Der morbiditätsorientierte RSA gleicht aber nur die Ausgaben-, nicht die Einnahmenseite der GKV aus."

3. „Der morbiditätsorientierte RSA führt lediglich zu einer weiteren Angleichung der Beitragssätze in der GKV. Dies hat zur Folge, dass der Wettbewerb unter den Kassen, den auch die KBV bisher für ihre Interessen genutzt hat, weiter abgebaut und bis hin zur Einheitskasse eliminiert wird. (...) Bisher hatten wir den Eindruck, die KBV stelle sich unter neuer Führung dem Wettbewerb im Gesundheitswesen. Jetzt aber entsteht der Eindruck, dass sich die KBV dem Kartell der Wettbewerbsgegner anschließt."

Und in der FAZ resümierte Prof. Klusen[13]: „Der Dreiklang aus Morbi-RSA, den Klinik-Fallpauschalen und einer morbiditätsorientierten Vergütung der Ärzte wird eine perverse Situation herbeiführen: Alle Beteiligten – Krankenhäuser, Ärzte und Krankenkassen – haben nur noch Interesse daran, möglichst viel Krankheit zu dokumentieren, weil dies den Zufluss der Finanzmittel erhöht"

In ein ähnliches Horn stieß Wolfgang Zöller[14]: Der Morbi-RSA würde den Bemühungen um mehr Wirtschaftlichkeit zuwider laufen, „wenn die Ausgaben für Arzneimittel und Krankenhausbehandlung zur Richtschnur für Morbidität gemacht" würden.

Die BKK betonte: „Die geplante Reform des RSA
• verteuert das Gesundheitswesen durch falsche Anreize,
• behindert Beitragssatzsenkungen,
• blockiert den Wettbewerb der Krankenkassen,
• der Morbi-RSA nutzt vor allem den AOKs,
• der Morbi-RSA wird äußerst schmerzhaft für BKK, TK und GEK – und auch die anderen Ersatzkassen haben sich bisher keineswegs begeistert geäußert."

Durch die Auslassungen von TK und BKK wird deutlich, dass der Morbi-RSA einseitig zu Gunsten von einigen, ich füge hinzu: großen aber eben auch „finan-

---

[13] Am 6.10.2004.
[14] Im Schütze-Brief vom 26. Januar 2006.

ziell fußkranken" Kassen, wirken würde[15]. Die dazu schon aufgeworfenen Fragen sind einfach:

1. Ist eine einseitige Begünstigung von Kassen durch den Morbi RSA gerechtfertigt?
2. Würde durch den Morbi-RSA Wettbewerb unter den Kassen weiter verhindert?
3. Cui bono?

VI. Welche Fragen bleiben bei den zur Diskussion stehenden Klassifikationsmodellen für einen morbiditätsorientierten RSA nach dem Lauterbach/Wasem-Gutachten?

Gemäß TK-Abteilung Finanzcontrolling vom August 2004 gab es hierzu folgende Wertungen:

- "Das Gutachten beschäftigt sich mit den Ausgestaltungsmöglichkeiten für einen morbiditätsorientierten RSA. Die Notwendigkeit einer Verfahrensumstellung wird im Rahmen des Gutachtens auftragsgemäß nicht in Frage gestellt." Dieser grundsätzlichen Bemerkung ist nichts hinzuzufügen. Das gewünschte Ergebnis wird so im Grunde vorweggenommen.
- „Die Förderung von Anreizen zur Verbesserung der Versorgungsqualität über den RSA ist ordnungspolitisch fragwürdig. Die Versorgungsqualität hat mit dem Ansatzpunkt des RSA – der Risikostruktur der Versicherten – nichts zu tun. (....) Vielmehr ist zu erwarten, dass ein verfeinerter Ausgleich die Anreize zur Wirtschaftlichkeit verringert, wenn durch bestimmte für die richtige Versorgung der Versicherten unnötige Aktivitäten die Klassifikationsergebnisse und damit die RSA-Position der Kasse verbessert werden kann."

Beispielhaft für einen solchen Vorgang ist z.b. die Koppelung des RSA an die DMP. Ein Schritt, der aus meiner Sicht, weder wirtschaftlich noch politisch richtig war und – so Prof. Wille – „einen extrem falschen Wirtschaftlichkeitsanreiz erzeugt."

---

[15] Aus ersten Übersichten wird deutlich, dass von den gesetzlichen Krankenkassen zwar 183 entschuldet und nur etwa 70 Kassen nicht entschuldet sind. Allerdings vertreten diese 70 Kassen ungefähr 60 bis 70 Prozent der gesamten GKV-Versicherten. Diese 70 Kassen haben vielfach sogar ihre Beitragssätze erhöhen müssen. Das ist der Grund, warum gerade diese Kassen den Morbi-RSA fordern.

Denn jede Kasse erhält für einen eingeschriebenen Altersdiabetiker und für jede Brustkrebspatientin rd. 4.390 Euro bzw. 6104 Euro an Beitragsbedarf. Hätte es keine gesonderte Berücksichtigung dieser Gruppen gegeben, hätten die Kassen für jeden Altersdiabetiker nur rund 3.102 Euro erhalten – also rund 1200 Euro weniger – und für jede Brustkrebspatientin nur rd. 2500 Euro – also rund 3.500 Euro weniger aus dem RSA.

Es ist keine Frage, dass die Ausformulierung von evidenzbasierten Behandlungsprogrammen die Qualität erhöhen kann, wenn die ganze Behandlungskette integriert mitmacht.

Richtig ist aber ebenso, dass nicht automatisch durch mehr Geldzufluss die Qualität erhöht wird.

Und noch richtiger ist, dass durch die Einschreibesystematik ein Werben um Patienten entstanden ist, um auf diese Weise an höhere Transfers aus dem RSA zu gelangen. Nicht wenige Kassenvertreter halten dies für Unsinn, machen aber gleichwohl mit, um auch in den Transfer hineinzukommen und nicht nur Geberkasse zu bleiben.

Wird dieses System weiter verfeinert über Diabetes und Brustkrebs hinaus bis zu koronaren Herzerkrankungen, Skeletterkrankungen, rheumatoider Arthritis und Depressionen und weiteres mehr, heißt das nichts anderes, als dass allen „Nicht-DMP-Versorgungssträngen" Geld entzogen wird. Damit erhöht sich natürlich der Wunsch, jede Krankheit zu einer chronischen Krankheit zu ernennen.

Dies kann nur neuen Beitragsdruck oder weitere Leistungsausgrenzungen generieren.

Dass sich bei allen Transferverfeinerungen die Regulierungskosten zwangsweise erhöhen, versteht sich von selbst.

Richtig ist natürlich, dass der RSA und seine Koppelung an die DMP durch den Morbi-RSA aufgehoben bzw. ersetzt werden.

Die TK hierzu:

- **„Vorgeschlagen wird das Modell IPHCC und Rx Groups (Verwendung von Diagnosedaten aus dem Krankenhausbereich sowie Arzneimittelwirkstoffe für die Morbiditätsklassifikation) (...) zu klären wäre z.B., inwieweit die ökonomisch sinnvolle Behandlung nach dem**

Grundsatz ambulant vor stationär aufrecht erhalten wird, oder ob nicht über das Klassifikationsmodell konträre Anreize gesetzt werden, indem eine Krankenhauseinweisung über die Berücksichtigung der entsprechenden Krankenhausdiagnose im Klassifikationsmodell im RSA finanziell belohnt wird. Es ist absehbar, dass damit Anreize bestehen, entsprechende Vertragstrategien zu entwickeln, die für die einzelne Kasse insgesamt – also im Saldo aus Leistungsausgaben und RSA-Beitragsbedarf – günstiger sind, für die GKV insgesamt jedoch zu höheren Ausgaben führen."

Hier liegt die eigentliche Aufgabe der Politik: raus dem Wirrwarr von Teilinteressen, die alle dazu beitragen, dass die Gesamtausgaben sich bisher erhöht haben.

Alles in allem bleibt aus meiner Sicht, dass sich bei einem „weiter so" und „alles nur ein bisschen verfeinert" das Transfervolumen des RSA oder Morbi-RSA nur weiter erhöhen wird.

Leider ist so jeder Einbezug von ganzheitlichen, neuen und notwendigen Weichenstellungen bisher erfolgreich vermieden worden.

Das Resultat ist bekannt: Der bisherig erfolgreiche Ruf nach „mehr Geld in's System" findet nun immer sichtbarer seine Grenzen.

Der RSA war zum Zeitpunkt seines Entstehens, als die Öffnung des Kassenzugangs beschlossen wurde, ein Instrument, das stillschweigend aber unbegründet auf weiteres Wachstum und auf staatliche Hilfen durch Steuersubventionen im Notfall und anderes mehr setzte. Überwiegend wurde in der damaligen Diskussion der Begriff „Soziale Gerechtigkeit" benutzt.

Zu der damaligen Diskussion und zur heutigen Realität – der wir uns langsam stellen müssen, um nicht von ihr gestellt zu werden – möchte ich drei mir sehr lieb gewonnene Zitate aus unterschiedlichsten Lagern anfügen (Gesundheitsökonomen sind nicht dabei):

VII. Drei lieb gewordene Zitate

Zuerst ein Zitat aus einer Schrift der Deutschen Bischöfe, Mai 2003, "Orientierungen für ein zukünftiges Gesundheitssystem":

- „Die ökonomischen Zwänge machen seine Reform dringend erforderlich (…) sie wird geprägt sein müssen durch den Willen zu einer Sicherung der Solidarität durch mehr Eigenverantwortung (…) und so stellt sich die für alle Reformüberlegungen entscheidende Frage folgendermaßen: Welches Maß an Gesundheit kann und muss durch die Solidarität aller getragen werden und welches Maß an Gesundheitsförderung können und müssen die Menschen selbst tragen (…) Markt und Wettbewerb können und dürfen die Solidarität nicht ersetzen, sie gehören aber zu den Instrumenten, die Eigenverantwortung in der Solidarität zu stärken."

Dem ist kaum etwas hinzuzufügen – außer vielleicht eine genauere Klärung des begrifflichen Inhaltes von Wettbewerb, dem ja auch die katholischen wie die evangelischen Krankenhäuser durch langsames Wegbrechen der dualen Finanzierung schmerzhaft ausgesetzt sind.

- Zu den drängenden Aufgaben unseres Staates gehört nach Professor Dr. med. Degen, dem Leiter der Evangelischen Stiftung Hephata, auch „dass wir uns von einem Anspruch lösen müssen, der den Sozialstaat bisheriger Prägung in eine verheerende Schieflage gebracht hat, dass nämlich nicht voll ausgeschöpfte Möglichkeiten des Heilens und der Ent-sorgung – im Sinne eines sorgenfreien Lebens – sogleich immer als ein Defizit, als Vorenthaltung von Lebenschancen angesehen werden, die abzubauen unbedingt das Kollektiv, der Staat verpflichtet sei. (…) der Staat könne nicht Garant für eine gleichmäßige Verteilung aller sozialen Leistungen für das gesamte Volk sein, seine Aufgabe müsse darin bestehen, tatsächliche Härten (…) zu mildern. (…) wer das gesamte Spektrum, an Sozial- und Gesundheitsleistungen in Anspruch nehmen will, wird künftig einen größeren Prozentsatz seines Lebenseinkommens aufwenden müssen (…). Ein Thema, das bisher weitgehend ausgeblendet wurde, jetzt aber unvermeidlich ist."[16]

Zu diesen Einsichten über die Grenzen von Wachstum und damit über die Grenzen der Leistungsfähigkeit unseres Sozialstaates und die Notwendigkeit zu mehr Eigenverantwortung und Eigenbeteiligung nun noch Professor Papier[17]. Alles soll ja heute einem ganzheitlicheren Ansatz dienen für die Zukunft:

---

[16] *Johannes Degen*: „Über Wert und Würde des Menschen in der Sozialpolitik", Vortragstext November 2005, http://www.hephata-mg.de/index.php?index=2552.
[17] Berlin, Oktober 2005.

- „Bislang wurde die soziale Gerechtigkeit vor allem als Frage des sozialen Ausgleichs in der Gegenwart gesehen; aktuell auftretende oder geltend gemachte Sicherungsbedürfnisse wurden stets aktuell befriedigt. Damit ging einher ein gewaltiger Ausbau des Sozialstaates. Unsere Gesellschaft und mit ihr der Sozialstaat haben dabei seit längerem über ihre Verhältnisse gelebt. Wenn deshalb heute die Erhaltung und Finanzierung der sozialen Sicherungssysteme zu einer erheblichen Last für unser Gemeinwesen geworden sind, so ist das nur die eine Seite des Problems. Die andere Seite ist, dass diese Last zunehmend den jüngeren Menschen aufgebürdet oder auf nachkommende Generationen verschoben wurden. Der Sozialstaat wird sich deshalb künftig nicht mehr nur um einen sozialen Ausgleich in der Gegenwart bemühen müssen, sondern um eine angemessene Lastenverteilung in der Zeit und zwischen den Generationen. (...) künftige Generationen dürfen nur in dem Maße mit Kreditverpflichtungen belastet werden, als sie auch mittelbar von den heutigen zukunftswirksamen Investitionen profitieren. Wenn es jedoch darüber hinausgehend an Haushaltsmitteln fehlt, so darf die Deckungslücke nicht in die Zukunft verschoben werden (...). Der Sozialstaat muss dem Einzelnen diejenigen Risiken abnehmen, die der Einzelne allein nicht tragen kann; und das sind durchaus nicht wenige.

- „Aber der Sozialstaat muss auch seine Grenzen erkennen. Staatliche Überregulierung kann auch im Bereich des Sozialen lähmend, erstickend oder bevormundend wirken."

Zu Papiers Erkenntnissen über die Grenzen des Sozialstaates ist auch noch zu erinnern an ein Urteil des Bundessozialgerichtes von 1961, wonach mit dem Sozialstaatsgebot kein grundsätzliches Verschlechterungsverbot festgeschrieben sei, weil der Sozialstaat auf Dauer finanzierbar bleiben müsse. Weitere ähnliche Urteile mit ähnlichen Begründungen sind gefolgt. Sie wurden aber bislang wenig beachtet.

VIII. Lösungsperspektive

- Wir müssen die Leistungen der GKV rigoros an die Einnahmen binden.
- Im Rahmen von rund 145 Mrd. Euro p.a. muss eine Grundversorgung so flexibel definiert werden, dass sie an Mehr- oder Mindereinnahmen angepasst werden kann. Ein Puffer sollte ebenso eingebaut sein wie das totale und auch kontrollierbare Verbot von Verschuldungen.

- Alles über 145 Mrd. Euro hinausgehende muss auf Dauer durch Zusatz-pakete eigenfinanziert werden unter Wegfall aller Zuzahlungen und sonstiger bisheriger „Eigenfinanzierungen".

- Die Definition der Grundversorgungspakete sollte die Politik nicht leisten und auch nicht beschließen wollen.

- Sie muss entweder erfolgen über die bisherige Selbstverwaltung oder durch die Kassen, zumal zu erwarten steht, dass über kurz oder lang der Status als Körperschaft des öffentlichen Rechtes via EU für die Gemba-Mitglieder weiter erodiert bzw. wegfällt. Die sich deshalb anbahnende Entwicklung bei den KVen hin zu consultings ist ja deutlich fühlbar. Auf Grund knapper werdender Gelder und wachsender Verteilungskämpfe wird in den KVen selbst schon über die Aufgabe des Körperschaftsstatus laut nachgedacht. Nicht nur aufgrund der Entwicklungen auf EU-Ebene, sondern auch deshalb, weil die KVen als Körperschaft des öffentlichen Rechts von ihrer eigenen Basis zunehmend für die Exekution der für sie nachteiligen Gesetze mitverantwortlich gemacht werden[18].

- Im Zusammenhang mit der Grundversorgung ist via Festzuschussregelun-gen ein sinnvoller Verbund zwischen Grundversorgung und Zusatzpake-ten sicherzustellen.

- Die PKV sollte dabei ihren Platz behalten als selbständiger Mitwettbe-werber und Mitfinanzier. Alles andere zöge neben der Tendenz zu einer Einheitskasse überdies jahrlange juristische Streitverfahren etwa über Be-rufsfreiheit und Eigentumsschutz nach sich.

- Auf diese Weise könnte der Dialog über sinnvolle, effiziente Behandlun-gen und Kosten aus den Korsettstangen staatlicher Regulierungsvorgaben herausgeholt und verlagert werden in Gespräche zwischen Beitragszah-

---

[18] Zur Erosion der Wirkmächtigkeit des Gemba sei auch noch folgendes angemerkt: Frau *Ruth Schimmelpfeng-Schütte*, Vorsitzende Richterin am Landessozialgericht Niedersachen-Bremen, weist darauf hin, dass der Bundesausschuss keine Normsetzungswirkung habe, son-dern dass seine Richtlinien lediglich den Charakter von Empfehlungen hätten. Sie hat diesbe-züglich auf einen Beschluss des Bundesverfassungsgerichtes vom 6.12.2005 (1BvR 347/98) verwiesen, mit dem ein Urteil des Bundessozialgerichtes vom 16.09.1997 aufgehoben worden ist. Gemäß Urteil des Bundesverfassungsgerichts vom 6.12.2005 ist es verfassungswidrig, einen gesetzlich Krankenversicherten für dessen lebensbedrohliche Erkrankung, sofern eine allgemein anerkannte, dem medizinische Standard entsprechende Behandlung nicht zur Ver-fügung steht, von der Leistung einer von ihm gewählten, ärztlich angewandten Behandlungs-methoden auszuschließen, wenn eine nicht ganz entfernt liegende Aussicht auf Heilung be-steht. Das Bundesverfassungsgericht hat mit diesem Urteil den Anspruch eines Versicherten auf eine neue Methode für begründet erachtet, obwohl der Gemeinsame Bundesausschuss sie zuvor abgelehnt hatte. Die Leistungspflicht der GKV bestimmt sich nach diesem Urteil nicht ausnahmslos nach Evidenzkriterien, sondern in bestimmten Fällen nach dem individuellen Krankheitsbild des einzelnen Versicherten.

lern/Patienten, Kassen und Leistungserbringern. Dies gilt auch für die Problematik: Innovation. Zur Vermeidung von plötzlichen finanziellen Kollapsen sollte z.b. eine Innovationsklausel eingeführt werden:

1. Mit der Zulassung und der entsprechenden Zulassungsforschung wissen wir im Grunde nicht, ob das neue Mittel, der neue Apparat im flächendeckenden Versorgungsalltag auch jene Nutzen erreichen kann, der bei homogenen, klinischen Patientenkollektiven festgestellt worden ist. Wenn das Mittel bzw. der Apparat aber mit der Zulassung schon flächendeckend implementiert wird, ist das realiter nicht mehr zurückzuholen.

2. Wir brauchen für zugelassene Innovationen eine vier- bis fünfjährige Versorgungsforschung an ausgewählten ambulanten wie stationären Orten. Hat sie sich dort als Therapiestandard bewährt, kann sie abrechnungsfähige Leistung werden.

3. Bei Apparatinnovationen sollte es Mindestmengen für Untersuchungsfrequenzen und bestimmte festgelegte Apparatezahlen in den jeweiligen Versorgungsregionen geben – ausgerichtet an den zu erwartenden Fallzahlen.

- Anders: Es wird für alle weniger und damit schmerzhafter. Aber es gibt keinen anderen Weg, für mehr Planungssicherheit und mehr gesamtgesellschaftliches Denken und Agieren in neuen Allianzen. Soziale Gerechtigkeit sollte auch bedeuten: Offen aufzuklären und in mehr Eigenverantwortung einzubeziehen.

- Sollte nicht bedeuten: Etwas versprechen, was bei nüchterner Analyse der Realität auf Dauer nicht mehr einhaltbar ist.

Am Ende ein Gedicht von Eugen Roth:

Ein Mensch sieht schon seit Jahren klar:
Die Lage ist ganz unhaltbar.
Allein am längsten leider hält
Sich das Unhaltbare auf der Welt.

Verfassungsprobleme neuer Finanzierungsformen in der gesetzlichen Krankenversicherung

von Rainer Pitschas

1. „Neues Denken in der Gesundheitspolitik" – nachhaltige Finanzierung der gesetzlichen Krankenversicherung

1.1 Modernisierung der gesetzlichen Krankenversicherung: ein komplexes Programm

Die Versuche zur Reform und Modernisierung der gesetzlichen Krankenversicherung (GKV) sind Legion. Seit dem Ende des vorigen Jahrtausends hat es mehr als 20 gesetzgeberische Ansätze zur Strukturreform gegeben.[1] Zuletzt hat das „Gesetz zur Modernisierung der gesetzlichen Krankenversicherung (GMG)"[2] die Weichen für den Weg in eine neue Architektur der sozialen Krankenversicherung in Deutschland unter den Bedingungen einer immer älter werdenden Gesellschaft einerseits und des wachsenden Konkurrenzdrucks in der globalisierten Wirtschaft andererseits neu gestellt. Heute ist nicht nur zwischen den Partnern der großen Koalition in der Bundespolitik unstreitig, dass es neuer Konzepte bedarf, um die sozialen Sicherungssysteme in der Zukunft finanzieren zu können und auch die Gesundheitsversorgung für alle Bürger bezahlbar zu gestalten.[3]

In diesem Zusammenhang wird speziell für die Modernisierung der gesetzlichen Krankenversicherung ein „neues Denken in der Gesundheitspolitik" ange-

---

[1] Siehe dazu den Überblick bei *Schlenker, Rolf-Ulrich*, in: *Schulin, Bertram* (Hrsg.), Handbuch des Sozialversicherungsrechts, Band 1 Krankenversicherungsrecht, München 1994, § 1, insbesondere Rn. 99 ff.; *Waltermann, Raimund*, Sozialrecht, 5. Auflage, Heidelberg 2005, Rn. 131, 135 ff.; vgl. auch *Pitschas, Rainer*, Reform des Gesundheitswesens und Strukturwandel des Arztberufs, in: FS Kh. Boujong, München 1996, S. 613, 620 f.

[2] Vom 14. November 2003, BGBl I, Nr. 55, S. 2190 ff.; hierzu u.a. *Muckel, Stefan/Hiddemann, Christian*, Das Gesetz zur Modernisierung der gesetzlichen Krankenversicherung, in: NJW 2004, 7 ff.; *Pitschas, Rainer*, Rechtsfragen des GKV-Modernisierungsprozesses, in: *Pitschas, Rainer* (Hrsg.), Finanzierungsprobleme der Gesundheitsreform und GKV-Modernisierungsgesetz, Speyerer Arbeitsheft Nr. 162, Speyer 2004, S. 35 ff.

[3] Dazu m. w. Nachw. die Beiträge von *Pitschas, Rainer* und *Sodan, Helge*, Die Zukunft der sozialen Sicherungssysteme, in: VVDStRL 64, S. 109 ff. und 144 ff.

mahnt.[4] Die damit gemeinten Inhalte sind freilich bislang weder scharf ausgezeichnet noch in ihrer verschwommenen Silhouette grundstürzend: Der transnationale Sozialstaat, den unser Grundgesetz zu erfüllen verpflichtend aufgibt und dessen Verwirklichung eine Grundaufgabe des Staates darstellt[5], legt im Verein mit einer Reihe von Grundrechten unserer Verfassung ein Wertefundament des künftigen Gesundheitswesens fest, auf dem sich sämtliche Modernisierungsschritte zu bewegen haben. Dabei geht es einerseits um den Zugang zu Gesundheitsleistungen[6], andererseits um die Grenzen einer Rationierung der Gesundheitsversorgung[7] und schließlich darum, dass auch künftig die solidarische Gestaltung der GKV ein unverzichtbares Ziel aller Modernisierungsbemühungen bleibt.[8] Darin verkörpert sich das europäische Sozialstaatsmodell. Nicht von ungefähr weist deshalb Art. III-179 des Entwurfs einer ersten gemeinsamen Verfassung der Europäischen Union (EU) dem Gesundheitsschutz in der Gemeinschaft Verfassungsrang zu.[9] Die gegenwärtig schwächlichen Rechtsetzungskompetenzen der EU gem. Art. 152 EGV werden dadurch abgelöst.

Noch immer bleibt freilich die Modernisierung der gesetzlichen Krankenversicherung ein komplexes Programm. Es kommt denn auch nicht von ungefähr, dass die Koalitionspartner bislang die Eckpunkte einer umfassenden Gesundheitsreform nur undeutlich festlegen konnten. Die Diskussion über einen "Gesundheitspool", der als Fonds ausgestaltet ist und in den die Beiträge aller Versicherten einfließen, um daraus an die gesetzlichen Krankenkassen für jeden Versicherten eine einheitliche Pauschale zu entrichten, ist kein Ersatz dafür. Immerhin schälen sich inzwischen wesentliche Elemente einer neuen Architek-

---

[4] AOK-Bundesverband (Hrsg.), Neues Denken in der Gesundheitspolitik, Bonn 2005.
[5] BVerfG, Beschl. v. 6.12.2005, 1 BvR 347/98, NZS 2006, 84 ff., Rn. 5; *Pitschas, Rainer*, Soziale Integration Europas durch Institutionenentwicklung: Die EG auf dem Weg zum europäischen Sozialstaat, in: *Detlef Merten/Rainer Pitschas* (Hrsg.), Der Europäische Sozialstaat und seine Institutionen, Berlin 1993, S. 91; *Kingreen, Thorsten*, Das Sozialstaatsprinzip im europäischen Verfassungsverband, Tübingen 2003, S. 120 ff.
[6] *Pitschas, Rainer*, Neue Versorgungs- und Vergütungsstrukturen in der gesetzlichen Krankenversicherung, in: VSSR 1998, 253, 259 ff.; *Gethmann, Carl Friedrich/Gerok, Wolfgang et al.*, Gesundheit nach Maß?, Berlin 2004, S. 148f., 150 f.
[7] *Neumann, Volker*, Prioritätensetzung und Rationierung in der gesetzlichen Krankenversicherung, NZS 2005, S. 617 ff.
[8] Zum Solidaritätsprinzip in der Krankenversicherung vgl. § 1 SGB V und hierzu Nachweise bei *Noftz, Wolfgang*, in: *Hauck/Noftz*, Sozialgesetzbuch SGB V, Gesetzliche Krankenversicherung, K § 1, Rn. 2, 57. Erg.-Lfg. XII/01; *Schulin, Bertram*, in: *Schulin, Bertram* (Hrsg.), Handbuch des Sozialversicherungsrechts, Band 1 Krankenversicherungsrecht, München 1994, § 6 Rn. 33.
[9] *Pitschas, Rainer*, Europäische Grundrechte-Charta und soziale Grundrechte, VSSR 2000, S. 207 ff.; *Bernsdorff, Norbert*, Soziale Grundrechte in der Charta der Grundrechte der Europäischen Union, in: VSSR 2001, 1 ff.

tur der gesetzlichen Krankenversicherung heraus. Sie betonen den Gedanken der individuellen Eigenvorsorge, die Auflösung des engen Zusammenhangs zwischen Krankenversicherungsbeiträgen und Erwerbseinkommen zugunsten einer anderen Finanzierungsweise, die Stärkung der Einnahmeseite sowie die Berücksichtigung demografischer Entwicklungen und globalisierter Beschäftigungswirkungen.[10] Der Wirtschaftlichkeitsanspruch aller Modernisierung setzt sich eben auch in der Krankenversicherung als "Ökonomisierung" der Gesundheitsversorgung fort.

Im Zentrum der hierauf basierenden aktuellen Entwürfe für die Neugestaltung der GKV stehen die alternativen Vorschläge einer „Bürgerversicherung" einerseits und der „Gesundheitsprämie" im Bereich des Krankenversicherungsschutzes andererseits – freilich nicht mehr in der ursprünglich gesuchten und konfrontativen reinen Ausprägung als Gestaltungsprinzipien.[11] Mischformen bzw. Modellvarianten werden heute für die Zukunft bevorzugt.

1.2 „Pfadabhängige" und „systemverändernde" Modernisierungsentwürfe

Die damit angedeutete Komplexität des Modernisierungsprogramms für die GKV ergibt sich nicht zuletzt aus den weitgesteckten Modernisierungszielen. Zu diesen gehört zweifelsohne die Finanzierungsfrage, doch gesellen sich als weitere zentrale Herausforderungen der demografische Wandel, der unverzichtbare Ausschritt in mehr Wettbewerb im Verhältnis der gesetzlichen Kassen untereinander und dieser mit der privaten Krankenversicherung (PKV) sowie die Rückbesinnung auf die inzwischen verlorengegangene Transparenz im Gesundheitswesen.

Was dabei die demografische Entwicklung anbelangt, so steht in der Altersgesellschaft die Versorgung der chronisch Kranken, alten und oft auch multimorbiden Bürger und Bürgerinnen im Vordergrund der Anstrengungen. Deshalb ist

---

[10] Vgl. *Schmidt, Ulla*, Neues Denken in der Gesundheitspolitik. Aus der Sicht der Bundesgesundheitsministerin, in: AOK Bundesverband (Fn. 4), S. 20 ff.

[11] Zu den Reinkonzepten siehe *Isensee, Josef*, „Bürgerversicherung" im Koordinatensystem der Verfassung, in: NZS 2004, S. 393 ff.; *Axer, Peter*, Verfassungsrechtliche Fragen einer Bürgerversicherung, in: *Söllner, Alfred et al.* (Hrsg.), Gedächtnisschrift für Meinhard Heinze, München, 2005, S. 1 ff.; *Kirchhof, Ferdinand*, Verfassungsrechtliche Probleme einer umfassenden Kranken- und Renten-„Bürgerversicherung", in: NZS 2004, S. 1 ff.; insgesamt kritisch zur Kopfpauschale: *Gaßner, Maximilian*, Aktuelle Fragen zur Finanzierung der gesetzlichen Krankenversicherung, in: *Rainer Pitschas* (Hrsg.), Finanzierungsprobleme der Gesundheitsreform und GKV-Modernisierungsgesetz, Speyerer Arbeitsheft Nr. 162, Speyer 2004, S. 115 ff.

es z. B. tendenziell richtig, dass die Morbidität im Risikostrukturausgleich künftig zum Leitziel des kassenartenbezogenen Finanzausgleichs wird.[12] Daneben ist es keine Frage, dass à la longue das Gemeinschaftsrecht den Wettbewerb unter den Kassen herbeiführen wird. Das soziale Vergaberecht wird den Weg hierzu ebnen.[13] Schließlich müssen die Versicherten um ihre Wahlmöglichkeiten im Rahmen der Versorgungsfreiheit wissen, um zu erkennen, welche Angebote das Versicherungsverhältnis ermöglicht. Nur eine solche Transparenz für die Patienten und Versicherten – mit den darauf gründenden vermehrten Wahlmöglichkeiten – sichert dann auch den Wettbewerb zwischen den gesetzlichen Kassen bzw. dieser mit der PKV.

In den letzten Jahren hat die Auseinandersetzung mit den vorgenannten und auch verfassungsrechtlich begründeten Modernisierungszielen zu einer Reihe von Vorschlägen geführt, die entweder die herkömmlichen Strukturen der GKV weiterentwickeln oder aber an deren Stelle ein neues Gebäude („neues Denken") setzen wollen. Schlicht gesprochen, stehen dabei für eine „Systemveränderung" die nicht endgültig ausgereiften Konzepte und Mischformen der „Bürgerversicherung" einerseits, der „Kopfprämie" andererseits mit ihren mancherlei Variationen.[14] Auf einen Systemwechsel zugunsten der Pfadabhängigkeit in der GKV[15] verzichten dagegen jene Modernisierungsentwürfe, die den Veränderungszwängen vor allem mit einem „inneren" Wandel des Finanzierungssystems der GKV unter gleichzeitig stärkerer Hervorhebung der Individualverantwortung hierfür entsprechen wollen. Dazu rechnen Vorschläge, in der gesetzlichen Krankenversicherung die Versicherungspflicht und/oder Beitragsbemessungsgrenze anzuheben bzw. die Beitragsbemessungsgrundlagen zu verbreitern.[16]

1.3 Die künftige Finanzierung der gesetzlichen Krankenversicherung

Wie bereits angedeutet, gehört zu den drängenden Problemen der Modernisierung unserer Krankenversicherung ihre Finanzierungsreform. In der Koalitions-

---

[12] § 268 Abs. 1 Nr. 1 SGB V i.d.F. des GMG.
[13] *Rixen, Stephan,* Sozialrecht als öffentliches Wirtschaftsrecht, Tübingen 2005, S. 214 f., 277 ff.
[14] A.a.O. (Fn. 11).
[15] Zu Begriff und Reichweite der „Pfadabhängigkeit" siehe Nachweise bei *Pitschas* (Fn. 3), S. 109 ff., insbes. S. 129; *ders.,* Die Bedeutung von Modellen für den Transformationsprozeß, in: *Bernd Baron von Maydell/Angelika Nußberger* (Hrsg.), Transformation von Systemen sozialer Sicherheit in Mittel- und Osteuropa, Berlin 2000, S. 323 ff.
[16] Nachweise bei *Gaßner,* (Fn. 11), S. 115 ff, insbes. 145 ff.; siehe ferner und nunmehr die aberwitzige Debatte um die Einführung eines „Gesundheitspools" (Südd. Zeitung v. 6. Juni 2006, S. 2; FAZ v. 10. Juni 2006, S. 11, 12).

vereinbarung der großen Volksparteien zu Beginn dieser Legislaturperiode wurde allerdings das Problem noch ausgeklammert. Politische Opportunität steht insoweit den unbeherrschbar werdenden Gefahren finanzieller Defizite in der Krankenversicherung gegenüber.

Zu ihrer Abwendung bedarf es neuer Ansätze bei der Finanzierung der Gesundheitsversorgung. Lohn und Gehalt der Versicherten reichen heute als Finanzierungsgrundlage nicht mehr aus. Dies gilt einerseits für die Ausgabenseite: Schon im Jahre 2002 hatte die GKV mit einem – vorläufigen – Minus von nahezu drei Milliarden € zu kämpfen. Damals wurden, unter Zuwachs bei den Leistungsausgaben, die Grundlöhne nur um 0,5 Prozent erhöht.[17] Des weiteren reduzierte die hohe Arbeitslosigkeit schon damals die Beitragseinnahmen, so dass in der GKV zum 1. Januar 2004 beträchtliche Schulden in Höhe von etwa 6 Milliarden € aufgelaufen waren.[18] Das GMG hat dem erfolgreich entgegengewirkt. Nahezu alle Kassen konnten Ende des vergangenen Jahres mit einem Überschuss abschließen bzw. die Schulden bereinigen.

Inzwischen führen allerdings die Arzneimittelkosten zu einem erneuten Ausgabenanstieg. Das „Gesetz zur Verbesserung der Wirtschaftlichkeit in der Arzneimittelversorgung"[19] soll hier Abhilfe schaffen, bringt allerdings weitere Probleme in anderen Bereichen der Modernisierung des Gesundheitswesens mit sich; dabei sei nur auf die ihm eingegliederte „Bonus-Malus-Regelung" hingewiesen.[20] Die demografischen Probleme werden weitere Ausgabensteigerungen nach sich ziehen[21], so dass die Finanzierungsdebatte in den nächsten Jahren vor dem Hintergrund einer fortschreitenden Verschlechterung der finanziellen Situation geführt werden muss – zumal eine Steigerung der Lohnsumme nicht absehbar ist. Für das Jahr 2007 droht im übrigen schon heute eine deutliche Belastungserhöhung durch die vorgesehene Mehrwertsteueranhebung.[22] Darüber hin-

---

[17] *Pitschas* (Fn. 2), S. 35 ff.

[18] *Schmidt* (Fn. 10), S. 21.

[19] Gesetz vom 26. April 2006, BGBl 2006 Teil I, S. 984.

[20] Vgl. *Walter, Ute,* Gesetzesentwurf zur Verbesserung der Wirtschaftlichkeit in der Arzneimittelversorgung (AVWG-E), in: Pharma Recht 2006, S. 150 ff.; *Holstein, Luise/Bruggmann, Thomas,* Das neue Arzneimittelversorgungs-Wirtschaftlichkeitsgesetz – AVWG, in: ApoR 2006, S. 23 ff.

[21] *Wasem, Jürgen,* Finanzierungsgrundlagen und -rahmen der zukünftigen sozialen Krankenversicherung in Deutschland, in: *Rainer Pitschas* (Hrsg.), Finanzierungsprobleme der Gesundheitsreform und GKV-Modernisierungsgesetz, Speyerer Arbeitsheft Nr. 162, Speyer 2004, S. 5 ff., insbesondere S. 16, 20 ff.; *Gaßner* (Fn. 11), S. 115 ff., insbesondere S. 125 ff.; *Beske, Fritz,* Neue Regierung muss Finanzierungsdefizite in der GKV anerkennen , PKV Publik 8/2005, S. 96.

[22] Darauf weist auch *Schmidt* (Fn. 10) auf S. 23 hin.

aus lässt sich der Wegfall von nahezu zwei Millionen sozialversicherungspflich-
tigen Beschäftigungsverhältnissen ebenso wenig schultern, wie das Mehr an
Ausgaben, die mit der Hartz-Gesetzgebung für eine Reihe von gesetzlichen
Krankenkassen verbunden sind.[23] Speziell dieses Problem schlägt bis in den Risikostrukturausgleich hinein durch.

Auf der Ausgabenseite kann deshalb die Finanzierungsreform letztlich nur durch
weitere Einsparungen erfolgreich angegangen werden. Überhaupt hat sich die
überwiegende Mehrzahl der Länder in der EU von dem Leitbild einer „Vollversicherung" in der GKV gelöst und organisiert die medizinische Versorgung der
Versicherten über deren Beteiligung an den Gesundheitskosten durch private
Zusatzversicherungen oder „Opting-out-Modelle".[24]

In der Folge all' dessen wird der Beitragssatz bis zum Jahr 2050 nach den Prognosen des Statistischen Bundesamtes auf ca. 18 Prozent steigen, wenn man die
Annahmen mit den Daten für den Risikostrukturausgleich (RSA) über die al-
tersbezogenen Pro-Kopf-Ausgaben verbindet. Geht man zusätzlich von einer
Ausgabensteigerung durch den medizinischen Fortschritt von jährlich einem
Prozent aus, so dürfte sich der Beitragssatz von dem heutigen Stand von durchschnittlich 14 Prozent auf ca. 28 Prozent erhöhen.[25] Auf diesem Hintergrund
schließt sich an die Problemskizze nahtlos die Frage an, welchen Leistungsumfang dann die GKV angesichts steigender Gesundheitsausgaben noch verantwor-
ten kann, ohne Staat und Beitragszahler zu überfordern.[26]

Zu den Herausforderungen an die Modernisierung des Gesundheitswesens gehören auf der anderen Seite die wachsenden und beträchtlichen Einnahmenprob-
leme. So wurde schon darauf hingewiesen, dass Lohn und Gehalt nicht mehr
ausreichen, die Leistungsgesamtheit zu finanzieren; hinzu kommt die Entscheidung der Koalition, 4,2 Mrd. € nicht mehr über den Haushalt zu finanzieren,
sondern andere Wege der Einnahmenkompensation zu finden.[27] Hiermit ver-
knüpfen sich Überlegungen, künftig familienpolitische Leistungen der Kassen
nicht als eine Angelegenheit der Beitragszahler der GV zu betrachten. Als Fazit
all' dessen ist unlängst behauptet worden, dass im schlimmsten Fall zwischen

---

[23] *Schmidt* (Fn. 10), S. 22.
[24] Zur Problematik siehe nur *Knospe, Armin*, Quo vadis gesetzliche Sozialversicherung? oder
Der lange Marsch staatlicher Risikovorsorge in das 21. Jahrhundert, VSSR 2006, S. 411, 421,
436 ff.
[25] *Beske* (Fn. 21).
[26] PKV Publik, 8/2005, S. 86; *Wasem* (Fn. 21), S. 5 ff.
[27] So *Schmidt* (Fn. 10), S. 22 f.

Einnahmen und Ausgaben eine Differenz von 13 oder 14 Mrd. € entstehen könnte.[28]

Mit bloßen Kostendämpfungsgesetzen ist dieser Entwicklung nicht mehr beizukommen. Aussagen über die künftige Finanzierung der GKV bedürfen statt dessen strukturändernder Entscheidungen, die neue Perspektiven aufzeigen. Diese können einerseits im Systemwechsel, wie bereits angedeutet, liegen. Dazu gehört die Frage, wie die Wirtschaftsunternehmen vor dem Hintergrund der Entkoppelung von Gesundheitskosten und Arbeitskosten an der Finanzierung des Gesundheitssystems beteiligt werden könnten. Möglicherweise wäre ein steuerfinanziertes System zu bevorzugen. Oder es stellt sich, wie bei der Modernisierung der Krankenversicherung in den Niederlanden zum 1. Januar 2006 die Frage, ob nicht alle – und zwar zu gleichen „Bedingungen" – für die Gesundheitsversorgung „einzahlen", wobei sowohl private als auch (ehedem) öffentliche Kassen als gleichgestellte Krankenversicherungsunternehmen tätig werden sollten.[29]

Entscheidungen hierüber – einschließlich derjenigen über künftige Fondslösungen in der Krankenversicherung – oder auch solche zur Fortführung und Verbesserung des gegenwärtigen Systems der GKV liegen nicht allein in der Hand der Sozial- und Finanzpolitik. Sie hängen ferner nur begrenzt von ökonomischen Prognosen ab. Vielmehr existiert ein Fundament <u>rechtlicher</u> Bindungen für die prinzipielle Zukunftsgestaltung der Krankenversicherung in nationaler und europarechtlicher Perspektive. Verfassungsrecht, Sozialrecht, Wettbewerbsrecht und weitere rechtliche Maßgaben verbinden sich in einem transnationalen Rechtsrahmen, der die Richtung künftiger Modernisierung im Gesundheitswesen bestimmt.[30] Soziale Krankenversicherung ist in dessen Gefüge auch in Privatrechtsformen denkbar.[31]

---

[28] *Schmidt* (Fn. 10), S. 23.

[29] *Klusen, Norbert*, Die niederländische Reform 2006 – Bewertung und Perspektiven aus der Sicht der GKV, in: RPG 2006, S. 17 ff.; *Walser, Christina*, Nach der Gesundheitsreform in den Niederlanden – Eine neue Krankenversicherung für jeden, in: SozSich 2006, S. 87 ff.; *Bieber, Ulrich*, Großes Reformpaket in den Niederlanden in Kraft getreten, in: KrV 2006, S. 40 ff.

[30] *Kingreen* (Fn. 5), S. 285 ff.; *Schulte, Bernd*, Die „Methode der offenen Koordinierung" – Eine neue politische Strategie in der europäischen Sozialpolitik auch für den Bereich des sozialen Schutzes, ZSR 48 (2002), S. 1 ff.; *Pitschas, Rainer*, Nationale Gesundheitsreform und europäische „Governance" in der Gesundheitspolitik, in: VSSR 2002, 75, 77 f.; *ders.* (Fn. 3), S. 113 ff., 133 ff.

[31] Vgl. *Eichenhofer, Eberhard*, Eigentum – Verschulden – Vertrag: Privatrechtsbegriffe als Sozialrechtskonstrukte?, in: VSSR 2004, S. 93 ff.; *Pitschas* (Fn. 3), S. 109 ff, S. 130.

2. Verfassungsrechtliche Grundlagen und Gestaltungsmaßgaben

2.1 Verfassungs- und europarechtlicher Rahmen für Finanzierungsentscheidungen

Die Modernisierung der Krankenversicherung ist aus rechtlicher Perspektive vor allem eine Frage des (Verfassungs-)Rechts. Dieses hält entsprechende Strukturvorgaben als Rahmenordnung bereit, steuert die Modernisierungsprozesse und gewährt Grundrechtsschutz in komplexen Strukturen.[32] Das Gemeinschaftsrecht überformt diese nationale Gestaltungsmaßgabe. Es erzwingt durch eigene supranationale Normen sowie durch die Methode der "offenen Koordination" die Systemkonvergenz.[33]

Zu allererst gilt in diesem Kontext, dass der „distanzierte Sozialstaat"[34] die „Mindestvoraussetzungen für ein menschenwürdiges Dasein" der Bürgerschaft und inmitten darin einen Gesundheitsschutz verfassungsrechtlich-institutionell abzusichern hat.[35] Dies gilt insbesondere in Fällen der Behandlung einer lebensbedrohlichen oder von regelmäßig tödlichen Erkrankungen. Noch unlängst hat das BVerfG hierzu mit Recht hervorgehoben, dass „behördliche und gerichtliche Verfahren ... dieser Bedeutung und der im Grundrecht auf Leben (Art. 2 II 1 GG) enthaltenen grundlegenden objektiven Wertentscheidung" gerecht zu werden haben. Zugleich sei der Schutz des einzelnen „in Fällen von Krankheit ... in der sozialstaatlichen Ordnung des Grundgesetzes eine Grundaufgabe des Staates".[36] Hieraus erfließt auch die staatliche Verpflichtung, für ein funktionsfähiges Finanzierungssystem der Gesundheitsversorgung einzustehen.

---

[32] *Schmidt-Aßmann, Eberhard*, Verfassungsfragen der Gesundheitsreform, in: NJW 2004, S. 1689, 1691; BVerfG (Fn. 5); *Huster, Stefan*, Anm. zum Beschluss des BVerfG v. 6. 12. 2005 (Fn. 5), in: JZ 2006, S. 466 ff.

[33] *Schulte, Bernd*, „Decker/Kohll" und die Folgen, in: *Yves Jorens/Bernd Schulte* (Hrsg.), Grenzüberschreitende Inanspruchnahme von Gesundheitsleistungen im Gemeinsamen Markt, Baden Baden 2003, S. 169 ff.; *ders.*, Europäische Vorgaben für die nationalen Gesundheitssysteme – Ziele und Instrumente, in: GGW 2005, S. 15 ff.; *Kingreen* (Fn. 5), S. 295 ff.

[34] *Pitschas, Rainer*, Der „neue" soziale Rechtsstaat. Vom Wandel der Arbeits- und Sozialverfassung des Grundgesetzes, in: *Franz Ruland/Bernd Baron von Maydell/Hans-Jürgen Papier* (Hrsg.), Verfassung, Theorie und Praxis des Sozialstaats, Festschrift für Hans F. Zacher zum 70. Geburtstag, Heidelberg 1998, S. 755.

[35] BVerfGE 40, 121, 133; 5, 85, 198; 35, 202, 236; auch BVerfGE 43, 13, 19; 44, 353, 375; 82, 60, 80; *Pitschas, Rainer*, Soziale Sicherungssysteme im „europäisierten" Sozialstaat, in: *Peter Badura/Horst Dreier* (Hrsg.), Festschrift 50 Jahre Bundesverfassungsgericht, Zweiter Band, Klärung und Fortbildung des Verfassungsrechts, 2001, S. 827 ff., S. 831, 870.

[36] BVerfG (Fn. 5), Rn. 5, 9.

Dessen Ausgestaltung folgt einer in sich abgewogenen Gesamtheit der Modernisierungsziele von Eigenverantwortung und Solidarität, Wettbewerb und Gemeinwohlbindung, der Garantie individueller Wahlfreiheit und sozialer bzw. Generationengerechtigkeit unter den Bedingungen eines systemischen Vertrauensschutzes in die Funktionsfähigkeit von Modernisierungsentscheidungen. Zumindest muss aber staatlicherseits ein System der Grundsicherung gegen Gesundheitsschäden vorgesehen werden.[37] Im übrigen verfügt der Modernisierungsgesetzgeber für die Modellwahl über einen strukturellen Abwägungsspielraum. Dessen Nutzung prägt darüber hinaus Art. 3 GG als ein "gesundheitsrechtlich geschärftes Willkürverbot" für die Ausgestaltung des staatlichen Gesundheitsschutzes.[38]

Hat sich auf diese Weise die Gestaltung des Leistungsrechts der eingerichteten gesetzlichen Krankenversicherung an der objektiv-rechtlichen Pflicht des Staates zu orientieren, sich schützend und fördernd vor die Rechtsgüter des Art. 2 II Satz GG zu stellen,[39] so darf andererseits der vorgesehene Leistungskatalog auch von finanzwirtschaftlichen Erwägungen mitbestimmt sein. So hat das BVerfG festgehalten, „dass gerade im Gesundheitswesen ... der Kostenaspekt für gesetzgeberische Entscheidungen erhebliches Gewicht" gewinnen darf.[40] Die Abwägung von Reformvorhaben mit wirtschaftlichen Gesichtspunkten kann deshalb auch dazu führen, das bestehende Gesundheitssystem aus Effektivitäts- und Effizienzgründen einschneidenden Strukturveränderungen zu unterwerfen: Kein soziales Sicherungssystem genießt absoluten verfassungsrechtlichen Systemschutz; auch die GKV ist von Verfassungs wegen dem Strukturwandel geöffnet.[41]

Allerdings setzt das Sozialstaatsprinzip dem Übergang zu einer ausschließlich privaten Finanzierung der Krankenversicherung ebenso Grenzen wie die soziale Gleichheit für die Sachgerechtigkeit von Strukturveränderungen streitet. Darüber hinaus erfließt dem Verfassungsprinzip Sicherheit das an den Gesetzgeber gewendete Gebot, das Systemvertrauen in den Fortbestand der Ansprüche auf einen gerechte soziale Krankenversicherung zu schützen und die individuellen Bestandserwartungen zu garantieren; das gilt auch für die Suche nach künftigen

---

[37] *Pitschas* (Fn. 6), S. 259 ff.; *Gethmann/Gerok et al.* (Fn. 6), S. 224 f.; *Schmidt-Aßmann* (Fn. 32), S. 1689, 1690.
[38] *Schmidt-Aßmann* (Fn. 32), S. 1691.
[39] BVerfG (Fn. 5), Rn. 8 mit Nachweisen.
[40] BVerfG (Fn. 5), Rn. 11.
[41] *Pitschas* (Fn. 3), S. 109, 136 f.; *Papier, Hans-Jürgen*, Der Einfluss des Verfassungsrechts auf das Sozialrecht, in: *Bernd Baron v. Maydell/ Franz Ruland* (Hrsg.), Sozialrechtshandbuch (SRH), 3. Auflage, Baden-Baden 2003, A. 3, Rn. 12.

„Fondslösungen", die nun gar nicht dem Leitbild der bisherigen „Sozialversicherung" entsprechen, aber auch den Wettbewerb zugunsten höherer bürokratischer
Steuerung des Gesundheitswesens schwächen.[42] Daher ist ein solcher Systemwechsel im Rahmen der gesetzlich bislang vorgesehenen Gesundheitsversorgung nur als ultima ratio denkbar. Der Gesetzgeber muss dafür zureichende
Gründe angeben und die gewählten Gestaltungsoptionen müssen grundrechtsfest
sowie verhältnismäßig sein – ebenso für Versicherte wie für Dritte, wie z. B. die
PKV.[43]

Das Grundgesetz schützt allerdings, ebenso wenig wie das Gemeinschaftsrecht,
die bestehende Krankenversicherung gesondert und spezifisch. Das nationale
Verfassungsrecht legt vielmehr die Gesetzgebungskompetenzen in speziellen
Titeln und Hinweisen im Organisationsrecht fest, doch fehlen in Bezug auf die
Gesundheitsversorgung ablesbare einfache Verfassungsregeln für einfache Antworten. Der dadurch gegebenen verfassungsrechtlichen Komplexität von Aussagen zum Trotz lässt sich allerdings feststellen, dass vor dem Hintergrund der
Gesundheitssicherung als unverzichtbarer Staatsaufgabe für jedermann der Zugang zu Gesundheitsleistungen gesichert sein muss.[44] Offen bleibt freilich deren
Reichweite; die Unterscheidung in Grund- und Wahlleistungen dürfte jedenfalls
zulässig sein.[45] Ferner und zweitens ist der Leistungsumfang für jeden Bürger in
gleichem Maße zu gewährleisten. Rationierungsentscheidungen stehen deshalb
unter einem besonderem Rechtfertigungsdruck.[46] Schließlich verlangt und ermöglicht das Verfassungsrecht auf der Grundlage des Solidaritätsprinzips eine
solidarische Finanzierung des staatlich eingerichteten Gesundheitssicherungs-
systems. Diese darf an der Leistungsfähigkeit des einzelnen Versicherten ausgerichtet sein; sie muss nicht am individuellen Gesundheitsrisiko orientiert werden.[47]

Bei der Ausgestaltung der Verpflichtung zur Beitragszahlung darf und muss der
Gesetzgeber auf die soziale Situation des Einzelnen Rücksicht nehmen. Auf diese Weise wird auch einkommensschwachen Bevölkerungsteilen ein voller Krankenversicherungsschutz zu tragbaren Beiträgen eingeräumt. Die Frage ist allerdings, wie weit im einzelnen auch jene Bürger trotz der ihnen zugestanden

---

[42] Dazu *Pitschas* (Fn. 3), S. 135.
[43] BVerfGE 100, 1, 37.
[44] *Merten, Detlef*, in: *Schulin, Bertram* (Hrsg.), Handbuch des Sozialversicherungsrechts,
Band 1 Krankenversicherungsrecht, München 1994, § 5 Rn. 36 ff.
[45] *Pitschas* (Fn. 6), S. 260; *Gethmann/Gerok et al.* (Fn. 6), S. 169 ff.
[46] *Neumann* (Fn. 7), S. 617, 621 ff.
[47] *Wieland, Joachim*, Verfassungsrechtliche Grenzen der Beitragserhebung in der gesetzlichen
Krankenversicherung, in: VSSR 2003, S. 259 ff., 265.

individuellen Versorgungsfreiheit dazu angehalten werden dürfen, Mitglied der GKV und somit der Solidargemeinschaft in der Krankenversicherung zu werden, die wegen ihrer Lohn- bzw. Gehalts- und sonstigen Einkünfte nicht unbedingt eines staatlichen Versicherungsschutzes für den Fall der Krankheit bedürften.[48]

2.2 Insbesondere: Der Kompetenzrahmen des Grundgesetzes

Einem solchen und gesondert zu rechtfertigenden Ausgriff des Modernisierungsgesetzgebers stünde jedoch nicht der Kompetenzrahmen des Grundgesetzes entgegen. Grundsätzlich deckt der Kompetenztitel der „Sozialversicherung" (Art. 74 Abs. 1 Nr. 12 GG) zwar nur die Einbeziehung eines Ausschnitts der Bevölkerung in die GKV.[49] Doch ist in der Realität und jedenfalls in anderen Zweigen der Sozialversicherung der Versichertenkreis in den letzten Jahrzehnten immer weiter ausgedehnt worden, vor allem durch die kontinuierliche Anhebung der Versicherungspflichtgrenze für Arbeiter und Angestellte. Darin liegt kein Verstoß gegen formelles Verfassungsrecht. Denn die Kompetenz zur Regelung der „Sozialversicherung" darf nicht auf traditionelle Strukturen beschränkt werden. Sie ist unter dem Verfassungsprinzip Sicherheit auch auf die Fortentwicklung des jeweils bestehenden Systems und auf Innovationen ausgerichtet.[50] Dabei muss es sich allerdings um einen schutzfähigen Bedarf handeln.[51] Dann können dem Kompetenztitel auch neue Lebenssachverhalte unterfallen, die – wie ein „Gesundheitspool" – in der Krankenversicherung den traditionellen

---

[48] *Merten, Detlef,* Bemerkungen zur „Bürgerversicherung", in: Stiftung Gesellschaft für Rechtspolitik Trier/Institut für Rechtspolitik an der Universität Trier (Hrsg.), Bürgerversicherung – Modell für die Zukunft?, Bitburger Gespräche, Jahrbuch 2004/II, S. 1, 2; i.E. auch *Axer, Peter* (Fn. 11), S. 1, 5; Solidaritätsansprüche finden an der Eigenverantwortung ihre Grenze!

[49] Siehe Nachweise bei *Muckel, Stefan,* Verfassungsrechtliche Grenzen der Reformvorschläge zur Krankenversicherung, in: SGb 2004, S. 583, 586; *Maunz, Theodor* in: *Maunz/Dürig,* Grundgesetz, Kommentar, Band IV, Art. 74, Rn. 172 (Stand der Lieferung: 1984).

[50] *Bethke, Herbert,* Schutz der privaten Versicherungsunternehmen, in: Stiftung Gesellschaft für Rechtspolitik Trier/Institut für Rechtspolitik an der Universität Trier (Hrsg.), Bürgerversicherung – Modell für die Zukunft?, Bitburger Gespräche, Jahrbuch 2004/II, S. 93, 103; so auch *Schnapp/Kaltenborn,* Verfassungsrechtliche Fragen der „Friedensgrenze" zwischen privater und gesetzlicher Krankenversicherung, Berlin 2001, S. 23; vermittelnd: *Oeter, Stefan,* in: *Hermann von Mangoldt/Friedrich Klein/Christian Starck, Kommentar zum Grundgesetz, Band 2,* Art. 74 Abs. 1 Nr. 12, Rn. 117; *Wieland* (Fn. 47), S. 259, 269; *Merten, Detlef,* Die Ausweitung der Sozialversicherungspflicht und die Grenzen der Verfassung, in: NZS 1998, S. 545 f.; zur Künstlersozialversicherung BVerfGE 75, 108, 146 ff.; zur Pflegeversicherung BVerfGE 103, 225 ff.; zum Kindergeld BVerfGE 11, 105 ff.

[51] *Pitschas* (Fn. 3), S. 137.

Rahmen sprengen, freilich nicht die Verfassungspositionen der Beitragszahler durch allfällige „Nachschusspflichten" aushöhlen.

Die gegenwärtig diskutierten neuen Finanzierungsformen der GKV wären deshalb wegen der angestrebten Stabilisierung der Finanzlage als überragendem Gemeinwohlbelang nicht ohne weiteres verfassungsunverträglich. Zudem muss sich „Sozialversicherung" nicht auf Arbeitnehmer und auf die Sicherung gegen Notlagen begrenzen. Gerade wegen des Schutzprinzips aus Art. 2 II Satz 1 GG erscheint es vertretbar, in der Krankenversicherung neue Solidaritätszusammenhänge zu stiften bzw. gegebene umzuformen und dafür neue Finanzierungsquellen zu erschließen.[52] M. a. W. und einerseits kann keine Rede davon sein, dass Art. 74 Abs. 1 Nr. 12 GG dem Modell der „Bürgerversicherung" eine unüberwindbare Kompetenzschranke entgegensetzen würde. Andererseits muss aber doch auch von der damit verbundenen Steuer die Rede sein, die sich – jedenfalls bei Erweiterung der Bemessungsgrundlage um Nichterwerbseinkünfte – als eine proportionale (weitere) Einkommensteuer darstellen und dann den Vorschriften der Finanzverfassung (Art. 104 a ff. GG) unterliegen würde.

3. Aktuelle Finanzierungsvorschläge unter Verfassungsvorbehalt

3.1 Neue Finanzierungswege und Finanzierung „im System"

Vor diesem verfassungsrechtlichen Hintergrund ist festzuhalten, dass der Gesetzgeber bei der Modernisierung der GKV jedenfalls auf keine fest gefügten verfassungsrechtlichen Kompetenzgrenzen stößt. Gleichwohl stehen die aktuellen Finanzierungsvorschläge einschließlich der Überlegungen zum „Gesundheitsfonds bzw. -pool" im Rahmen einer „großen Gesundheitsreform" unter Verfassungsvorbehalt. Aufzuspüren und zu prüfen sind nämlich jene materiellverfassungsrechtlichen Verbürgungen, die gegenüber der prinzipiellen Strukturänderung sozialer Krankenversicherung wirksam werden. Dabei kommen als Grundrechte neben dem Gleichheitssatz vor allem die Art. 2 Abs. 1 und 2, 6 Abs. 1 und 2, 12 Abs. 1 und 14 GG in Betracht. Daneben treten verfassungsrechtliche Systemaussagen. Der aktuelle Modernisierungsprozess in der GKV erweist sich von daher als eine Bewährungsprobe für das dem Gesetzgeber verfassungsrechtlich eingeräumte Optionenermessen zur Ausgestaltung des Krankenversicherungssystems.

---

[52] *Oeter* (Fn. 50), Art. 74 Abs. 1 Nr. 12, Rn. 117 f.; *Wieland* (Fn. 47), S. 259, 271 ff.

Versucht man, den Spielraum dieses Gestaltungsermessens auszuschreiten, so lässt sich – einer verbreiteten Typologie zur Finanzierung der Krankenversicherung folgend – die „äußere" von der „inneren" Finanzierung unterscheiden.[53]

3.2 Ausgestaltung des Systems der „inneren" Finanzierung

Die „innere" Finanzierung des GKV-Systems meint die Generierung und Ausgestaltung der Finanzierungsströme von den Krankenkassen zu den Leistungserbringern.[54] In ihrem Mittelpunkt steht die Vergütung der letzteren, die heute überwiegend durch bilaterale Kollektivverträge im Rahmen des Sachleistungsprinzips aufgrund sektorspezifischer gesetzlicher Regelungen gewährleistet wird. Dabei wird das gesamte Spektrum potentiell denkbarer Vergütungsformen (Einzelleistungsvergütungen, Kopfpauschalen, Fallpauschalen, tagesbezogene Pflegesätze und – zukünftig geplant – Tagestherapiekosten) ausgeschöpft.

Diese Form der Finanzierung wird in den letzten Jahrzehnten vor allem durch **Kostendämpfungsbemühungen** gekennzeichnet, die darauf zielen, den Einnahmerahmen in der GKV durch Erweiterung des Kreises der Beitragszahler zu vergrößern, weitere Einkommensarten der Beitragspflichtberechnung zugrunde zu legen oder auch die Finanzierung von Leistungen durch einkommensunabhängige Kopfprämien sicherzustellen. Daneben wird die Reformierung der Mitversicherung von Familienangehörigen ebenso erörtert wie der Ausbau des Zuzahlungssystems oder die Finanzierung der Sache nach versicherungsfremder Leistungen aus Steuermitteln.[55]

3.2.1 Erhöhung der Pflichtversicherungsgrenze

Ein in der EU verbreitetes Instrument, die Einnahmen der GKV zu erhöhen, ist die Erweiterung der Pflichtversicherungsgrenze, wie sie bereits durch das Beitragssatzsicherungsgesetz vom 23.12.2002[56] praktiziert wurde. Allerdings fragt sich, ob die Kontingentierung des Kreises derjenigen Personen, die sich statt in der GKV möglicherweise bei der PKV versichern würden, mehr als nur eine

---

[53] Vgl. Nachweise bei *Wasem* (Fn. 21), S. 5 ff.

[54] *Wasem* (Fn. 53).

[55] *Wasem* (Fn. 21), S. 27, 28, 29; weitere Konzepte im Rahmen des bestehenden Systems bei *Gaßner* (Fn. 11), S. 145 ff.; zur verfassungsrechtlichen Bewertung dieser Reformvorschläge: *Wieland* (Fn. 47), S. 270 ff.

[56] Gesetz vom 23.12. 2002, BGBl I, S. 4637.

„mittelbare Folge" einer Ausdehnung der Pflichtversicherung ist.[57] Es ließe sich argumentieren, dass deshalb kein Grundrechtseingriff vorliege, weil Beschlüsse des Gesetzgebers wie die Ausdehnung der Versicherungspflichtgrenze keinerlei Sachentscheidung enthielten und somit durch sie das Handeln der PKV nicht präjudiziert werde. Freilich fordert der Schutzbereich des Art. 12 Abs. 1 GG dazu auf, gleichwohl einen Eingriff zu bejahen, weil der Ausdehnung der Pflichtversicherungsgrenze aus Sicht der PKV zumindest eine objektiv berufsregelnde Tendenz zukommt. Selbst wenn man aber dies annehmen wollte, lässt sich, wie die 2. Kammer des 1. Senats des BVerfG in ihrer Entscheidung vom 4.2.2004 festgestellt hat, „infolge zunehmender Ausgrenzung einzelner Risiken und Kostenfaktoren aus dem Leistungsspektrum der gesetzlichen Krankenversicherung eher eine wachsende Nachfrage nach privater Zusatzversicherung vermuten".[58] Diese Kompensationsthese hat etwas für sich, beseitigt aber den Eingriffscharakter keineswegs. Immerhin dürfte es sich um keinen unzulässigen Eingriff in die Berufswahlfreiheit der PKV-Unternehmen handeln, weil die finanzwirtschaftlich erforderliche Sicherung der GKV-Stabilität den Eingriff legitimieren würde.[59]

3.2.2 Leistungskatalog der gesetzlichen Krankenversicherung

Der Leistungskatalog der GKV darf auch im übrigen von finanzwirtschaftlichen Erwägungen mitbestimmt sein, wie das BVerfG zuletzt deutlich festgestellt hat.[60] Gerade im Gesundheitswesen hat nämlich der Kostenaspekt für gesetzgeberische Entscheidungen ein erhebliches Gewicht. Dementsprechend bleibt es dem strukturellen Abwägungsspielraum des Gesetzgebers überlassen, bestimmte Leistungen aus dem Leistungskatalog der GKV auszusondern, wie dies z. B. mit dem Zahnersatz geschehen ist.[61] Allerdings sind solche gesetzlichen oder auf Gesetz beruhenden Leistungsausschlüsse und Leistungsbegrenzungen daraufhin zu prüfen, ob sie im Rahmen des Art. 2 Abs. 2 GG gerechtfertig sind.

---

[57] BVerfG, Beschl. v. 4. Februar 2004, 1 BvR 1103/03, NZS 2005, S. 479 ff., unter Verweis auf die Festbetragsentscheidung des BVerfG, Urt. vom 17. Dezember 2002, 1 BvL 28, 29, 30/95, BVerfGE 106, 275, 298 ff.

[58] BVerfG (Fn. 57).

[59] Str.; a.A. die weit überwiegende Gegenmeinung, vgl. nur *Bethke* (Fn. 50), S. 93, 110; ähnlich auch *Schmidt-Aßmann* (Fn. 32), S. 1694; *Isensee* (Fn. 11), S. 393, 401, der auch an der Erforderlichkeit der kompletten „Ausschaltung" der PKV im Bereich der Grundsicherung zweifelt; so auch *Kirchhof* (Fn. 11), S. 1, 3 f.

[60] BVerfG (Fn. 5), Rn. 11.

[61] Siehe nur Art. 1 Nr. 36 GMG (vom 14. November 2003, BGBl I, Nr. 55, S. 2197); §§ 55 ff. SGB V.

Mit Blick hierauf müssen auf jeden Fall <u>Grundleistungen</u> im „Angebot" der GKV enthalten sein; nur dann erfüllt der Staat seine Pflicht aus Art. 2 Abs. 2 Satz 1 GG, das Leben und die körperliche Unversehrtheit der Bürger durch Bereitstellung bestimmter Gesundheitsleistungen zu schützen.[62] Ein künftiger Katalog von Grundleistungen würde diesem Gewährleistungsauftrag aber entsprechen – bei allen Unsicherheiten im Einzelfall, die dann Leistungsausschluss für Leistungsausschluss auszuräumen wären.

3.2.3 Zuzahlungen zu bestimmten Leistungen

Dem Gesetzgeber ist es im Rahmen seines Gestaltungsspielraums darüber hinaus von Verfassungs wegen ermöglicht, zur Entlastung der Krankenkassen und aus finanzwirtschaftlichen Erwägungen die Versicherten ergänzend zu ihren Beiträgen an den Kosten bestimmter Gesundheitsleistungen durch Zuzahlungen zu beteiligen.[63] Derzeitige Limitierungen solcher Eigenbeteiligung können, wie der Vergleich etwa mit Frankreich zeigt, durchaus erhöht werden. Allerdings muss generell dem Einzelnen diese Erhöhung finanziell zugemutet werden können; ggf. sind Erstattungsleistungen steuerlicher oder finanziell anderer Art vorzusehen.[64]

3.2.4 Neue Dimensionen der Kostendämpfung

Allerdings kündigen sich am Horizont der Finanzierungsdebatte Strukturveränderungen der Kostendämpfungspolitik an. Sie stellen jedoch weder das Solidarprinzip in Frage, noch beeinträchtigen sie den universellen Zugang zu medizinischen Leistungen unabhängig von Einkommen und Leistungsfähigkeit des Einzelnen. An dieser Leitlinie orientiert sich die Diskussion.

Ob dem auch verfassungsrechtlich zuzustimmen ist, dürfte eine weitere Frage sein. Antworten müssen die jeweils zu verwirklichenden Gesetzgebungsvorhaben prüfen. Zu diesen zählen das Gesetz zur Verbesserung der Finanzierung der Arzneimittelversorgung einerseits[65], die geplante Liberalisierung des Arztver-

---

[62] So schon *Pitschas* (Fn. 6), S. 259; BVerfG (Fn. 5), Rn. 8; das verkennt *Huster* (Fn. 32), S. 468.

[63] BVerfG (Fn. 5), Rn. 11.

[64] BVerfG (Fn. 5), Rn. 11; siehe auch BVerfGE 70, 1, 30; BVerfG, Beschl. v. 7. März 1994, 1 BvR 2158/93, NJW 1994, S. 3007.

[65] Gesetz vom 26. April 2006, BGBl 2006 Teil I, S. 984 (Fn. 19).

tragsrechts andererseits sowie die Veränderung der Befugnisse Kassenärztlicher Vereinigungen (KV) und des Vertrags- und Versorgungswettbewerbs.

3.2.4.1 Das Arzneimittelversorgungs-Wirtschaftlichkeitsgesetz

Das Arzneimittelversorgungs-Wirtschaftlichkeitsgesetz (AVWG) versucht mit der in ihm enthaltenen „Bonus- und Malus-Regelung", den Ärzten als Leistungserbringern spezifische Anreize zur Kostendämpfung bei der Arzneimittelverschreibung zu geben. Die Regelung sieht vor, dass ein Bonussystem bei Unterschreitung des Arzneimittelbudgets nicht mit dem einzelnen Arzt, sondern über die KV mit den Ärzten, die sich wirtschaftlich im Sinne des Gesetzes verhalten haben, vereinbart werden kann. Umgekehrt soll es einen Malus geben, wenn die Arzneimittelrichtgrößen in einem gewissen Ausmaß überschritten wurden.[66]

Auch für diese Regelung gilt die Rechtsprechung des BVerfG, wonach eine gesetzliche Vorschrift das Grundrecht der allgemeinen Handlungsfreiheit des Versicherten (objektiv) berührt, wenn seine Freiheit zur Arztwahl sowie zur Auswahl unter Arznei- und Hilfsmitteln, die ihm als Sachleistung prinzipiell zur Verfügung gestellt werden, eingeschränkt wird.[67] Dabei darf m. E. weder das Vertrauen in den jeweilig behandelnden und verschreibenden Arzt und damit die auf diesen bezogene Wahlfreiheit des Versicherten beeinträchtigt werden, noch darf eine Malus-Regelung dazu führen, an sich zulässige und ggf. auf der Grundlage vereinbarter Rabatte kassenseitig "eingekaufte" Arzneimittel nunmehr aus den prinzipiell verschreibungspflichtigen Arzneimitteln durch indirekte Honorareinbußen bei den Ärzten auszuscheiden. Dies erscheint in jedem Fall verfassungsrechtlich unverhältnismäßig in Bezug auf die Handlungsfreiheit des Patienten. Es fehlt an hinreichender Transparenz dieses Vorganges aus seiner Sicht.

Aber auch unter berufsfreiheitlichen Gesichtspunkten ist die Bonus-Malus-Regelung anzugreifen. Die Einschränkung des Vertrauens führt auf Seiten des Arztes objektiv zu einer Eingrenzung seiner freien Berufsausübung, weil der Staat bzw. Kassen und KV auf die Wahlfreiheit des Patienten hinsichtlich seines Arztes einwirken und dieser der möglicherweise unsachlichen Patientenent-

---

[66] Vgl. *Walter* (Fn. 20), S. 150 ff.; *Holstein/Bruggmann* (Fn. 20), S. 23 ff.; *Selder, Astrid*, AVWG – Der Gesetzentwurf zur Arzneimittelversorgung birgt einige Widersprüche in sich, in: ErsK 2006, S. 30 ff.; *Schröter, Heike*, Was ist eigentlich eine Bonus-Malus-Regelung?, in: BKK 2006, S. 79.
[67] BVerfG (Fn. 5), Rn. 3.

scheidung ausgesetzt wird. Dagegen vermag er sich nicht zu wehren. Ich halte es deshalb für fraglich, ob vor Art. 12 Abs. 1 GG diese vom Arzt nur durch „unfreies" Verordnungsverhalten zu kompensierende Berufslast zu rechtfertigen ist. Sie erscheint jedenfalls im Verhältnis zu einer schon früher praktizierten Positivliste der verordnungsfähigen Arzneimittel als unverhältnismäßig.

3.2.4.2 Liberalisierung des Arztvertragsrechts

Neue Dimensionen der Kostendämpfung soll auch die Liberalisierung des Arztvertragsrechts ermöglichen. Damit ist für den Bereich der niedergelassenen Ärzte sowohl die Einführung eines neuen Honorierungssystems als auch die Neuordnung der ambulanten Versorgung im Verhältnis zum Krankenhaus gemeint. Für die künftige Honorarverteilung soll mehr Transparenz herrschen, während in der ambulanten Versorgung seitens der Krankenhausärzteschaft der Betrieb einer Praxis möglich sein soll, die in Teilzeitarbeit betrieben wird. Der dazu von der Bundesgesundheitsministerin geprägte Leitsatz lautet: „Man muss im Krankenhaus und zugleich in der ambulanten Versorgung arbeiten können".[68]

Liberalisierung des Arztvertragsrechts meint aber auch die Möglichkeit, angestellte Ärzte zu beschäftigen und die Möglichkeit für die Kassen, über Einzelverträge Preise und Qualität der ärztlichen Dienstleistung zu verhandeln.

Die rechtlichen Konsequenzen dieser künftigen Ausgestaltung des Krankenversicherungssystems sind derzeit nicht endgültig zu überschauen. Fest dürfte stehen, dass ein entsprechendes Einzelvertragsrecht verstärkt den gemeinschaftsrechtlichen Regelungen im Dienstleistungssektor unterfällt. Ferner wird der Berufsfreiheitsschutz in Verbindung mit dem allgemeinen Gleichheitssatz aktiviert. Ich habe auch keinen Zweifel daran, dass unter diesen Bedingungen in einem ganz anderen Maß als bisher das Wettbewerbsrecht einschlägig wird.

3.2.4.3 Die Zukunft der Kassenärztlichen Vereinigungen

In das Organisationsrecht der GKV fallen die Überlegungen, die Gestalt der Kassenärztlichen Vereinigungen (KV) zu verändern.[69] Dabei geht es nicht nur um die Fortsetzung der Professionalisierung dieser Einrichtungen auf ärztlicher

---

[68] *Schmidt* (Fn. 10), S. 28.
[69] Dazu grds. *Schnapp, Friedrich*, in: *Schulin, Bertram* (Hrsg.), Handbuch des Sozialversicherungsrechts, Band 1 Krankenversicherungsrecht, München 1994, § 49, Rn. 202 ff.; *Steinhilper, Gernot*, Die Kassenärztlichen Vereinigungen ab 1. 1. 2005 – Zu einigen Grundzügen der Organisationsänderungen nach dem GMG, in: GesR 2003, S. 374 ff.

Seite, sondern mehr noch um die Neuordnung der Honorarverteilung und die Zuständigkeit der KV hierfür. Diesbezüglich ist dem Gesetzgeber, ähnlich wie für Fusionen unter den gesetzlichen Krankenkassen, ein weiter Gestaltungsspielraum zu Sicherung von Effektivität und Effizienz der Gemeinsamen Selbstverwaltung eingeräumt.[70] Rechtlich ist hiergegen vorerst nichts zu erinnern; ganz im Gegenteil wäre es hilfreich, über organisatorisch-institutionelle Veränderungen dafür zu sorgen, dass Honorare, Fallpauschalen im Krankenhaus und der Risikostrukturausgleich mehr ineinander greifen können, als dies bisher der Fall ist. Allerdings darf keine „Einheitsklasse" entstehen, wie sie etwa eine Fondslösung herbeiführen würde. Dem schiebt das Grundgesetz einen Riegel vor.[71]

3.3 „Externe" Finanzierung der gesetzlichen Krankenversicherung

Allerdings führt dieses Thema schon in den Bereich der „externen" Finanzierung der GKV hinüber, also in deren „äußere" Finanzierung. Diese behandelt die Frage: „Wie kommt das Geld zu den Krankenkassen?"[72] Die Antwort auf diese Frage zeigt eine Reihe von Optionen in der Modernisierung der externen Finanzierung, bei denen es – wie eingangs gezeigt – um die Alternative der Systemanpassung oder des Systemwechsels geht. Deutlich war auch bereits geworden, dass sich die GKV in einem Widerstreit zwischen Beitragssatzstabilität, Demografie, Beschäftigungswirkungen und den Gesundheitspräferenzen der Bevölkerung sieht.

Im Mittelpunkt der Vorschläge hierzu stehen die Verbreiterung der Beitragsbemessungsgrundlagen („Bürgerversicherung") und der Übergang zu einer „Kopfprämie" (Gesundheitsprämie), einschließlich des vermittelnden Modells eines „Gesundheitspools" bzw. Gesundheitsfonds.[73] Die verfassungsrechtlichen Stellungnahmen hierzu bzw. zu Modellvarianten führen weitaus überwiegend zum Verdikt der Verfassungswidrigkeit.[74] Ich halte jedoch diese Sicht für unange-

---

[70] Dazu *Pitschas, Rainer*, Die Modernisierung der sozialen Sicherung im Zeichen von Effektivität und Effizienz – Zum Grundsatz der Wirtschaftlichkeit im Sozialrecht, in: *Hermann Butzer* (Hrsg.), Wirtschaftlichkeit durch Organisations- und Verfahrensrecht, Berlin 2004, S. 31 ff.

[71] *Pitschas, Rainer*, Gesundheitsstrukturreform – Einheitsversicherung oder Trägervielfalt?, in: Bitburger Gespräche, Jb. 1996, München 1997, S. 15 ff., 29 ff.

[72] *Wasem* (Fn. 21), S. 5, 6 ff.

[73] Vgl. dazu die Nachw. oben in Fn. 16 und im Text vor Fn. 10.

[74] Insgesamt kritisch zur Kopfpauschale: *Gaßner* (Fn. 11), S. 143 ff.; *Merten* (Fn. 48), S. 2; *Isensee* (Fn. 11), S. 393; *Bethke* (Fn. 50), S. 93, 118; *Axer* (Fn. 11), S. 1, 10; *Kirchhof* (Fn. 11), S. 1, 3; i.E. auch *Merten* (Fn. 50), S. 545, 548 f.

messen. Unter der Voraussetzung von Modifikationen sollte die Verfassungs-mäßigkeit jedenfalls von Kombinationsmodellen zu bejahen sein.[75]

3.3.1 Modell einer Gesundheits- bzw. Kopfprämie

Das Modell der Kopfprämie versucht, die beitragspflichtigen Einnahmen in der GKV von der wirtschaftlichen Entwicklung abzukoppeln. Statt dessen wird der Beitrag einkommensunabhängig pauschaliert. Er soll für alle (erwachsenen) Versicherten in gleicher Höhe erhoben und aus deren gesamten Einkünften fi-nanziert werden, also nicht nur aus Lohn oder Gehalt. Als Modellvariante wird vorgesehen, diese „Pauschalprämie" zusätzlich zu einem je nach Leistungsfä-higkeit finanzierten Beitragsgrundstock zu erheben. Kinder würden beitragsfrei mitversichert, indem die GKV auf entsprechende Steuerfinanzierung zurückgrei-fen könnte. Für Erwachsene, die den Pauschalbetrag nicht zahlen können, wäre ein Sozialausgleich aus Steuern vorzusehen.[76] Dies alles erinnert sehr an das schweizerische Krankenversicherungsmodell.[77]

Ob tatsächlich die bezweckte Senkung der Lohnnebenkosten eintreten würde, bleibt abzuwarten. Bei fortschreitenden Gesundheitskosten müssten auch die einkommensabhängigen Beiträge steigen; ohne die Mitwirkung der Tarifpartner bliebe dies aber aussichtslos. Überdies ist das Konzept problematisch, weil für Geringverdiener sowie für familienpolitisch intendierte Leistungen steuerliche Transfers benötigt werden. Verfassungsrechtlich scheint in seiner Reinform das Modell der Gesundheitsprämie das Prinzip der Beitragsbemessung nach der wirtschaftlichen Leistungsfähigkeit zu vernachlässigen. Denn im Sozialstaat sind besser verdienende und damit leistungsfähigere Versicherte durch höhere Beiträge für den Versicherungsschutz der weniger gut verdienenden Erwerbs-personen und damit weniger Leistungsfähigen heranzuziehen.[78]

---

[75] *Pitschas* (Fn. 3), S. 133 ff.

[76] *Wasem* (Fn. 21), S. 5, 26.

[77] Siehe dazu *Meyer, Ulrich*, Bürgerversicherung in der Schweiz, in: Stiftung Gesellschaft für Rechtspolitik Trier/Institut für Rechtspolitik an der Universität Trier (Hrsg.), Bürgerversiche-rung – Modell für die Zukunft?, Bitburger Gespräche, Jahrbuch 2004/II, S. 65 ff.; *Spycher, Stefan*, Bürgerversicherung und Kopfpauschalen in der Krankenversicherung der Schweiz – Vorbild oder abschreckendes Beispiel?, in: G+G Beilage 2004, Nr. 1, S. 19 ff.

[78] *Wieland* (Fn. 47), S. 259, 274 f.

3.3.2 Modell der „Bürgerversicherung"

Anders ist dagegen die „Bürgerversicherung" konstruiert. Sie strebt nach Ausbau der GKV zu einer Art „Volksversicherung" mit Verbreiterung der Beitragsbemessungsgrundlagen durch Einbeziehung aller Bürger, auch Selbständiger und Beamter. Tendenziell werden die Beiträge vom Arbeitseinkommen abgekoppelt. Nach der Reinform dieses Konzepts kann sich jeder entweder bei einer gesetzlichen Krankenkasse oder einem privaten Krankenversicherungsunternehmen für den sog. Bürgerversicherungstarif entscheiden. Dieser muss einkommensbezogene Beiträge vorsehen und er beruht auf Kontrahierungszwang. Anwendung findet das Sachleistungsprinzip für einen einheitlichen Leistungskatalog. Die Versicherten werden in einen morbiditätsorientierten Risikostrukturausgleich einbezogen. Wer bislang privat versichert ist, soll seinen Vertrag behalten oder in einen Bürgerversicherungstarif seiner Wahl wechseln. Wer gesetzlich krankenversichert ist, kann zwischen privaten und gesetzlichen Anbietern wählen.[79]

In einer Modellvariante wird dazu unter Nutzung des dualen Systems von GKV und PKV sowie unter rechtlicher Gleichstellung beider auch der Zugang zur fortbestehenden PKV wahlweise ermöglicht. In jedem Fall sollen Familienmitglieder ohne eigenes Einkommen und Kinder beitragsfrei zu Lasten des Steueraufkommens mitversichert werden. Zu den inzwischen fortentwickelten Modellvarianten gehört ferner der „Gesundheitspool".[80]

3.3.3 Verfassungs- und gemeinschaftsrechtliche Bewertung

3.3.3.1 Allgegenwärtige verfassungsrechtlich Risiken

Gegen die „**Bürgerversicherung**" werden zahlreiche verfassungsrechtliche Vorbehalte geltend gemacht. So wird argumentiert, dass gerade bei den jetzt als nicht versicherungsbedürftig angesehenen Personengruppen die für diese nunmehr herbeigeführte „Zwangsversicherung" mit allen Belastungen in keinem vernünftigen Verhältnis zu den aus ihr herrührenden Vorteilen stände; sie verstieße damit gegen Art. 2 Abs. 1 GG[81] bzw. – eher einschlägig – gegen Art. 9 Abs. 1 GG. Allerdings hat schon frühzeitig das BVerfG ausgeführt, dass zwar „das Maß der dem Einzelnen durch seine Pflichtzugehörigkeit treffenden Belas-

---

[79] Dazu *Lange, Bernd-Peter*, Der PKV und dem VvaG gehören die Zukunft, in: VW 2005, 965 ff.

[80] Dazu schon oben im Text vor Fn. 10 und in Fn. 16.

[81] *Kirchhof* (Fn. 11), S. 1, 2; dazu auch *Axer* (Fn. 11), S. 1, 5 f.

tung noch in einem vernünftigen Verhältnis zu den ihm und der Allgemeinheit erwachsenen Vorteilen" stehen müsse.[82] Doch dürfe, so hat das Gericht in einem Kammerbeschluss aus jüngerer Zeit festgehalten, der „Gesetzgeber ... den Mitgliederkreis von Pflichtversicherten so abgrenzen, wie es für die Begründung einer leistungsfähigen Solidargemeinschaft erforderlich ist".[83] Freilich dürfe „das duale Krankenversicherungssystem nicht grundsätzlich" verändert und „der Geschäftsbereich der privaten Krankenversicherung der Beamten und Selbständigen" nicht berührt werden.[84]

Diese Überlegungen sind bedenkenswert, doch führen sie nicht eo ipso zur Verfassungswidrigkeit des Versicherungskonzepts. Die Ausgestaltung einer gesetzlichen Krankenversicherung hat sich an der objektiv-rechtlichen Pflicht des Staates zu orientieren, sich schützend und fördernd vor die Rechtsgüter des Art. 2 Abs. 2 Satz 1 GG zu stellen, wovon auch die Reichweite der Versicherung bestimmt wird. Ist die staatliche Gesundheitsversorgung nur durch Verteilung ihrer Kosten auf alle Schultern der Bevölkerung bezahlbar, so kann der Gesetzgeber diesen Schritt tun. Der überragende Gemeinwohlrang der finanziellen Stabilität des Systems der gesetzlichen Krankenversicherung schränkt insoweit die zweifelsohne bestehende Vorsorgefreiheit des Individuums ein.[85]

Selbst zu entscheiden, wie man gegen die Wechselfälle des Lebens vorsorgt, beruht dabei selbstverständlich auf der wirtschaftlichen Leistungsfähigkeit des jeweiligen Bürgers. Von daher gäbe es eine prinzipielle Grenze für den Einbezug solcher Personengruppen, die einerseits schon einen Solidarbeitrag tragen, andererseits wegen ihrer höheren Einkünfte keines Schutzes für den Fall der Krankheit bedürften und für die deshalb der Zwang zur Eigenvorsorge entfällt. Allerdings ist dabei mit dem Solidaranspruch der weniger leistungsfähigen einzelnen Versicherten abzuwägen. Dies kann zur Finanzierung eines wirksamen Solidarausgleichs sogar die Einbeziehung weiterer Bevölkerungsgruppen durch für sich stehende Solidarbeiträge bisher Nichtbetroffener erforderlich machen. Letztlich ist alles das eine Frage der Abwägung nach Maßgabe des Verhältnismäßigkeitsprinzips, für die dem Gesetzgeber ein **struktureller Abwägungsspielraum** zur Verfügung steht.

---

[82] BVerfGE 30, 292, 316 f.; 35, 382, 401; 38, 281, 302.

[83] BVerfG (Fn. 57), Rn. 25.

[84] BVerfG (Fn. 57), Rn. 21.

[85] Str., a.A. *Hufen, Friedhelm*, Grundrechtsschutz der Leistungserbringer und privater Versicherer in Zeiten der Gesundheitsreform, in: NJW 2004, S. 14, 16 (prinzipiell); *Axer* (Fn. 11), S. 1, 6; *Isensee* (Fn. 11), S. 393, 398; zur Vorsorgefreiheit vgl. auch BVerfGE 79, 223, 234 f.

Demgegenüber sind Erwägungen zur fehlenden Belastungsgleichheit der „**Bürgerversicherung**" weniger tragfähig.[86] Gleiches gilt für Art. 33 Abs. 5 GG, der gegen die Einbeziehung der Beamten in dieses Versicherungskonzept weder unter dem Aspekt der Amtsangemessenheit noch unter dem Blickpunkt der beamtenrechtlichen Vorsorgefreiheit weitergehende „Schutzzäune" gegen die Ausdehnung der Versicherung errichten würde.[87]

Im übrigen ist aber auch das **Modell der Kopfprämie** verfassungsrechtlich nicht unproblematisch. Mit seiner Einführung überantwortet der Gesetzgeber die GKV als Zweig einer „Sozialversicherung" der Haushaltsabhängigkeit sozialer Gesundheitsvorsorge. Das Sozialstaatsprinzip in Verbindung mit Art. 2 II 1 GG setzt einer derartigen sozialen Krankenversicherung „nach Kassenlage" des Staates Grenzen. Im übrigen scheint es, als ob das Modell der Gesundheitsprämie das Prinzip der Beitragsbemessung nach der wirtschaftlichen Leistungsfähigkeit vernachlässigen und damit ebenfalls gegen das Grundgesetz verstoßen würde. Auch insoweit sind deshalb Modifizierungen unvermeidlich.

3.3.3.2 Verhältnis der gesetzlichen zur privaten Krankenversicherung

Auf Dauer führen beide Modelle mit ihren Varianten den Krankenversicherungsschutz auf eine Grundsicherung zurück. Die Abstufung des Krankenversicherungsschutzes nach Grund- und Wahlleistungen, sofern diese überhaupt gestaltbar ist, stellt einen verfassungsrechtlich gangbaren Weg aus den skizzierten Verfassungsbedenken hinaus dar: Über einen zugesagten Plafonds lebenswichtiger Gesundheitsangebote hinausgehende „Wahlleistungen" müssten dann durch individuelle Zuzahlungen getragen werden.[88] Auch hierfür gibt es innerhalb der EU entsprechende Beispiele.

Mit einer solchen Modifikation halten sich die prognostizierten Veränderungen im Verhältnis der GKV zur PKV in Grenzen. Finanzielle Kompensationen schließen die Verfassungswidrigkeit von Modellvarianten dieser Art aus, zumal eine verfassungsrechtliche Garantie für den Unternehmensbestand auf Seiten der

---

[86] So aber *Sodan, Helge*, Die „Bürgerversicherung" als Zwangsversicherung, S. 37, in: Stiftung Gesellschaft für Rechtspolitik Trier/Institut für Rechtspolitik an der Universität Trier (Hrsg.), Bürgerversicherung – Modell für die Zukunft?, Bitburger Gespräche Jahrbuch 2004/II, S. 25 ff., m.w.N.; zu der Einbeziehung in die Pflichtversicherung der Landwirte: BVerfGE 44, 70 ff.

[87] A. A. *Axer* (Fn. 11), S. 1, 10; *Isensee* (Fn. 11), S. 393, 400; dazu auch *Kirchhof* (Fn. 11), S. 1, 3; i.E. auch *Merten* (Fn. 50), S. 545, 548 f.

[88] BVerfG (Fn. 5), Rn. 11; *Pitschas* (Fn. 6), S. 260.

PKV nicht gegeben ist. Verfassungsnäher noch wäre schließlich eine Lösung, die – wie in den Niederlanden – das bisherige Verhältnis von GKV und PKV im Sinne eines Unternehmenswettbewerbs ausgestalten und für das modifizierte Angebot an Krankenversicherungsleistungen neu ordnen würde.[89] Dieser Schritt wäre mit einem Übergang zur partiellen Kapitaldeckung der Versicherungsansprüche durch die PKV und die dann neu zu organisierende GKV verbunden. Betroffen hiervon sind bei der PKV in der alternden Gesellschaft vor allem die sog. Altersrückstellungen. Verfassungsrechtlich geboten scheint mir im Ergebnis jedenfalls eine Konvergenz der Versicherungssysteme unter Wegfall der „Friedensgrenze"; dies entspräche auch dem europäischen Gesundheitsrecht.[90]

3.3.3.3 Gemeinschaftsrechtliche Maßgaben

Nach gegenwärtiger Rechtslage, die allerdings zweifelhaft ist, wäre mit Blick hierauf die „Bürgerversicherung" sowie die konkrete Ausgestaltung der Beitragssätze in der GKV nicht an Art. 81 ff. EGV zu messen. Es handelt sich bei den gesetzlichen Krankenkassen nicht um Unternehmen im Sinne der gemeinschaftsrechtlichen Vorschriften, solange eindeutig deren sozialer Charakter im Vordergrund steht.[91] Anders wäre freilich der Fall der soeben beschriebenen Konvergenz zu beurteilen.

Jedoch sind die Dienstleistungs- und die Niederlassungsfreiheit berührt. Der EuGH hat in einem Fall griechischer Zwangsversicherung gegen Ernteschäden, die durch eine Abgabe auf die Ernte finanziert wurde, die Leistungserbringung ausländischer privatwirtschaftlichen Versicherer für faktisch beeinträchtigt gehalten. Damit liege, so judizierte der EuGH, ein Eingriff in die Dienstleistungsfreiheit ausländischer mitgliedstaatlicher Versicherer vor. Als Rechtfertigungsgrund hierfür hat der EuGH den ungeschriebenen Grundsatz der „zwingenden Gründe des Allgemeininteresses" geprüft, weil auch inländische Versi-

---

[89] „Kooperativer Wettbewerb"; vgl. dazu *Pitschas* (Fn. 3), S. 138, Fn. 126 mit Nachw.

[90] *Pitschas, Rainer*, Die Weiterentwicklung der sozialen Krankenversicherung in Deutschland im Gegenlicht europäischer Gesundheitspolitik, in: VSSR 1994, S. 85 ff.

[91] Dazu näher *Gundel, Jörg*, Bürgerversicherung aus europarechtlicher Perspektive, S. 124 ff, in: Stiftung Gesellschaft für Rechtspolitik Trier/Institut für Rechtspolitik an der Universität Trier (Hrsg.), Bürgerversicherung – Modell für die Zukunft?, Bitburger Gespräche, Jahrbuch 2004/II, S. 123 ff.; EuGH, Urteil vom 22.1.2002 - Rs C 218/00 - INAIL, Slg 2002, I-691 (729, Rn. 31 ff., Rn. 45) oder auch das Festbetragsurteil des EuGH: Urteil vom 16. März 2004, EuGH Slg. 2004, I-2493, vb. Rs. C-264/01, C-306/01, C-354/01, C-355/01; eine Ausnahme gilt für den Bereich der freiwilligen Versicherung bei den Gesetzlichen Krankenkassen und beim Angebot von Zusatzversicherungen, vgl. nur *Gundel*, ebenda, S. 131 mwN in Fn. 56 und 57. A. A.: *Axer* (Fn. 11), S. 1 ff.

cherer von der Regelung betroffen waren.[92] Die Finanzierbarkeit der sozialen Sicherungssysteme ist innerhalb dieser Argumentation vom Gerichtshof als zulässiger sozialer Gesichtspunkt eingeordnet worden. Auch die Verhältnismäßigkeit der gesetzlichen Pflichtversicherung wurde geprüft und bejaht.

4. Zusammenfassung

Was folgt aus der voraufgegangenen verfassungsrechtlichen Bewertung? Zunächst ergibt sich, dass „Neues Denken in der Gesundheitspolitik" ohne Beachtung der rechtlichen Rahmenbedingungen zum Scheitern verurteilt wäre. Die nachhaltige Finanzierung der gesetzlichen Krankenversicherung orientiert sich an dem, was verfassungsrechtlich machbar ist.

Mustert man in diesem Sinne die verfassungsrechtlichen Grundlagen und Gestaltungsmaßgaben durch, so zeigt sich, dass die aktuellen Finanzierungsvorschläge unter weitreichendem Verfassungsvorbehalt stehen. Systemimmanente wie auch systemübergreifende Vorschläge unterliegen damit Bindungen, die sich sowohl bei der Ausgestaltung der „inneren" Finanzierung als auch bei der „externen" Finanzierung der GKV durchsetzen. In ihrer Reinform begegnen dabei die Modelle der Kopfprämie und der „Bürgerversicherung" gravierenden verfassungsrechtlichen Vorbehalten. Doch erweisen sich bei genauerem Hinsehen Kombinationslösungen als Ausweg aus dem rechtlichen Dilemma, sofern sie nicht – wie der „Gesundheitsfonds" – neue Verfassungsfragen aufwerfen.

Folgt man den hier entwickelten Gestaltungsmaßgaben, so dürfte die maßvolle Ausweitung des bestehenden gesetzlichen Sicherungssystems in der Krankenversicherung unter Entwicklung von Kombinationsmodellen und mit der Absage an die Errichtung eines Verwaltungsmonopols – der PKV muss „Luft zum Atmen" bleiben – als verfassungsgemäß erweisen. Der Gesetzgeber könnte innerhalb seines strukturellen Abwägungsspielraums auch Grund- und Wahlleistungen einführen und darüber hinaus entweder eine Wertschöpfungsabgabe an die Stelle der ausschließlichen Beitragsfinanzierung setzen bzw. eine allgemeine Einkommensprämie fixieren. Angezeigt scheint überdies die Entwicklung einer partiellen Kapitaldeckung der Krankenversicherung. Allerdings wird dann das bestehende Krankenversicherungssystem verlassen. Doch ist damit auch der

---

[92] EuGH, 22. Mai 2003 – Rs. C-355/00 – FreskotAE/Elleniko Dimosio, Slg. 2003, I-5263; siehe auch EuGH, 16. Januar 2003 – Rs. C-388/01 – Kommission/Italien, Slg. 2003, I-721, Tz. 19, 21; EuGH, 23. März 2004 – Rs. 138/02 – Collins, Tz. 65 f.

Weg in einen Unternehmenswettbewerb zwischen GKV und PKV auf gleicher „Augenhöhe" vorgezeichnet.

Finanzverfassungsverfassungsrechtliche Aspekte neuer Finanzierungsmodelle für die GKV unter besonderer Berücksichtigung des Risikostrukturausgleichs

von Joachim Wieland

I. Die Fragestellung

Was hat der Risikostrukturausgleich mit der Finanzverfassung zu tun? Diese Frage könnten sich Uneingeweihte stellen – aber eben nur Uneingeweihte. Eingeweihte wissen, dass gegen den Risikostrukturausgleich erhebliche finanzverfassungsrechtliche Bedenken erhoben und bis vor das Bundessozialgericht[1] und das Bundesverfassungsgericht[2] getragen worden sind[3]. Ich werde mich in einem ersten Schritt mit den finanzverfassungsrechtlichen Fragen befassen, die in diesem Zusammenhang gestellt worden sind. (I.). Sodann werde ich mich den Antworten zuwenden, die der Zweite Senat des Bundesverfassungsgerichts in seinem vielbeachteten Beschluss vom 18. Juli 2005 in dem Verfahren der abstrakten Normkontrolle gegeben hat, das die Landesregierung Baden-Württemberg, die Bayerische Staatsregierung und die Hessische Landesregierung angestrengt hatten (II.)[4]. In einem dritten Schritt werde ich mich den Folgerungen zuwenden, die aus finanzverfassungsrechtlicher Sicht aus der Entscheidung des Bundesverfassungsgerichts für neue Finanzierungsmodelle der gesetzlichen Krankenversicherung im allgemeinen und für den Risikostrukturausgleich im besonderen zu ziehen sind (III.). Abschließend werde ich mich – wiederum aus finanzverfassungsrechtlicher Sicht – der Bewertung von Reformvorschlägen zuwenden (IV.).

Die Kernfrage lautet: Enthält die Finanzverfassung des Grundgesetzes Vorgaben für die Finanzierung der gesetzlichen Krankenversicherung im allgemeinen und für den Risikostrukturausgleich im besonderen? Die Antwort auf diese Frage

---

[1] BSG, Urt. v. 21.09.2005, B 12 KR 6/04 R, juris; BSG, Urt. v. 24.1.2003, BSGE 90, 231 ff.; Siehe hierzu: *Axer*, SGb. 2003, 485 ff.; *Spoerr/Winkelmann*, NZS 2004, 402 ff.

[2] Verfassungsbeschwerden betroffener Krankenkassen wurden mangels deren Grundrechtsfähigkeit nicht zur Entscheidung angenommen. Siehe: BVerfG, Beschl. v. 9.6.2004,, 2 BvR 1248/03, 1249/03, DVBl. 2004, 1161 ff.

[3] *Ramsauer*, NJW 1998, 481 ff. *Sodan/Gast*, VSSR 2001, 311 ff.; *Sodan/Gast*, NZS 1999, 265 ff.

[4] BVerfG, Beschl. v. 18.07.2005, 2 BvF 2/01, BVerfGE 113, 167 ff.

hängt davon ab, ob die Zugehörigkeit der gesetzlichen Krankenkassen als Körperschaften des Öffentlichen Rechts zur mittelbaren Staatsverwaltung und damit entweder zum Bund oder zu einem Land die Anwendbarkeit der Finanzverfassung auf Finanztransfers zwischen den Krankenkassen nach sich zieht[5]. Oder besteht ein verfassungsrechtlich relevanter Unterschied zwischen bundesgesetzlich geregelten Finanztransfers von Gliedstaat zu Gliedstaat und Finanztransfers von Krankenkasse zu Krankenkasse? Zu erwägen ist weiter, ob allein die Höhe der finanziellen Ausgleichsleistungen im Rahmen des Risikostrukturausgleichs, die größer ist als die Finanzsumme des Länderfinanzausgleichs, es ausschließt, den Risikostrukturausgleich von den Vorgaben der Finanzverfassung des Grundgesetzes auszunehmen.

Geht man von der Haushaltsautonomie der Länder aus, die Art. 109 Abs. 1 GG mit den Worten gewährleistet, dass Bund und Länder in ihrer Haushaltswirtschaft selbständig und von einander unabhängig sind, könnte es einer besonderen verfassungsrechtlichen Ermächtigung für den Risikostrukturausgleich bedürfen, wenn dieser die Autonomie durchbricht. Die gesuchte verfassungsrechtliche Ermächtigung könnte im Grundsatz der Beitragssolidarität liegen, den das Bundesverfassungsgericht in ständiger Rechtsprechung entwickelt hat. Eine verfassungsrechtliche Ermächtigung für den Risikostrukturausgleich könnte auch Art. 87 Abs. 2 GG enthalten. Danach werden die sozialen Versicherungsträger, deren Zuständigkeitsbereich sich über das Gebiet eines Landes hinaus erstreckt, als bundesunmittelbare Körperschaften des Öffentlichen Rechts geführt. Dagegen werden soziale Versicherungsträger, deren Zuständigkeitsbereich sich zwar über das Gebiet eines Landes, aber nicht über mehr als drei Länder hinaus erstreckt, als landesunmittelbare Körperschaften des Öffentlichen Rechts organisiert, wenn die beteiligten Länder das aufsichtsführende Land bestimmt haben. Umgekehrt könnte das sogenannte Konnexitätsprinzip des Art. 104a Abs. 1 GG Finanztransfers von den Ländern zum Bund und damit von den Krankenkassen der Länder zu denen des Bundes verbieten. Das setzt voraus, dass die Regel, nach der Bund und Länder gesondert die Ausgaben tragen, die sich aus der Wahrnehmung ihrer Aufgaben ergeben, auf den Risikostrukturausgleich Anwendung findet. Umgekehrt könnte das Gebot des Art. 107 Abs. 2 Satz 1 GG, die unterschiedliche Finanzkraft der Länder angemessen auszugleichen, den Risikostrukturausgleich rechtfertigen. Schließlich könnte Art. 120 Abs. 1 Satz 4 als Lastenverteilungsgebot den Bund verpflichten, Defizite gesetzlicher Krankenkassen auszugleichen statt sie zu Ausgleichszahlungen untereinander zu zwingen. Nach dieser Vorschrift trägt der Bund die Zuschüsse zu Lasten der Sozialversicherung.

---

[5] So *Sodan/Gast*, VSSR 2001, 311 (325 ff.).

Die Antworten auf die gestellten Fragen hängen wesentlich davon ab, ob die Finanzverfassung als abschließende Regelung der Finanzströme im Bundesstaat verstanden wird. Dann müssten jedenfalls Finanztransfers, deren Höhe die des eigentlichen Länderfinanzausgleichs erreicht oder übersteigt, den Vorgaben der Finanzverfassung unterfallen. Der Risikostrukturausgleich würde als integraler Bestandteil des grundgesetzlichen Systems der bundesstaatlichen Finanzverteilung verstanden. Da aber der Risikostrukturausgleich nach seiner gesetzlichen Ausgestaltung anderen Mechanismen folgt als der Finanzausgleich zwischen Bund und Ländern, wäre die Konsequenz dieses Verständnisses der Finanzverfassung eindeutig: der Risikostrukturausgleich verstieße gegen die Finanzverfassung.

II. Antworten des Bundesverfassungsgerichts

Das Bundesverfassungsgericht hat mit seinem Beschluss vom 18. Juli 2005 anders entschieden: Die Finanzverfassung des Grundgesetzes regelt nach dieser Entscheidung die Finanzströme im Bundesstaat nicht abschließend. Vielmehr ist der Risikostrukturausgleich kein integraler Bestandteil der bundesstaatlichen Finanzverteilung. Deshalb darf er nach anderen Prinzipien erfolgen als der bundesstaatliche Finanzausgleich.

Grundlage dieser Kernaussage des Bundesverfassungsgerichts ist ein Verständnis der Art. 74 Abs. 1 Nr. 12 , Art. 87 Abs. 2 und Art. 120 Abs. 1 Satz 4 GG als „ein in sich geschlossenes Regelungssystem für die Sozialversicherung und deren Finanzierung"[6]. Dieses Regelungssystem Sozialversicherung geht als spezielleres System den allgemeinen Regeln der Finanzverfassung vor, die „steuerzentriert" sind[7].

Zu diesem Ergebnis gelangt das Bundesverfassungsgericht auf der Grundlage einer Analyse von Wortlaut, Systematik, Telos und Historie der einschlägigen Vorschriften des Grundgesetzes: Das Gericht hebt hervor, dass die Finanzverfassung schon ihrem Wortlaut nach nur die Finanzbeziehungen zwischen Bund, Ländern und Kommunen umfasst[8]. Dagegen bleiben die Finanzmittel der Sozialversicherung im Text der grundgesetzlichen Finanzverfassung unerwähnt. Das ist nach Auffassung des Bundesverfassungsgerichts gerade wegen der „enormen

---

[6] BVerfGE 113, 167 (200). Aus der Lit. m. w. Nw.: *Heun*, Die Sozialversicherung und das System der Finanzverfassung, in: *Osterloh u.a.* (Hrsg.), Festschrift Selmer, 2004, 659 (665 ff.)

[7] BVerfGE 11, 167 (200).

[8] BVerfGE 113, 167 (200 f.).

gesamtwirtschaftlichen Bedeutung"[9] der Finanzmittel der Sozialversicherung ein deutlicher Hinweis darauf, dass die Finanzverfassung des Grundgesetzes die Finanzierung der Sozialversicherung nicht erfasst.

In systematischer Hinsicht geht die Argumentation des Bundesverfassungsgerichts davon aus, dass nach seiner ständigen Rechtsprechung das Grundgesetz die Organisation der Sozialversicherung dem Gesetzgeber überlässt. Er dürfte die gesamte gesetzliche Krankenversicherung in Deutschland einem Träger zuweisen. Die Folge einer solchen Organisationsentscheidung wäre ein umfassender automatischer interner Finanzausgleich im gesamten System der gesetzlichen Krankenversicherung. Will man dem Grundgesetz nicht einen finanzverfassungsrechtlichen Bestandschutz für das überkommene gegliederte System der gesetzlichen Krankenversicherung entnehmen – und das lehnt das Bundesverfassungsgericht in ständiger Rechtsprechung ab –, folgt im Wege der systematischen Interpretation aus dem verfassungsrechtlich garantierten Organisationsrecht des Gesetzgebers, dass die Finanzordnung der Sozialversicherung als ein eigenständiges System der staatlichen Abgabenerhebung zu begreifen ist[10].

Die teleologische Interpretation bestätigt das gewonnene Auslegungsergebnis. Die strenge Zweckbindung von Sozialversicherungsbeiträgen, die sowohl grundrechtlich als auch kompetenzrechtlich begründet ist, macht diese zu einer für Bund und Länder indisponiblen Finanzmasse[11]. Weil das Aufkommen der Sozialversicherungsbeiträge aber Bund und Länder für die Finanzierung der Erfüllung ihrer eigenen Aufgaben nicht zur Verfügung steht, ist es auch kein tauglicher Gegenstand der finanzverfassungsrechtlichen Mechanismen für die Verteilung der Steuererträge im Bundesstaat[12]. Daraus folgert der Zweite Senat des Bundesverfassungsgerichts, dass die Erhebung, Verwaltung und Verteilung von Sozialversicherungsbeiträgen der Finanzverfassung des Grundgesetzes nicht zu unterwerfen sind[13].

Schließlich weist der Senat noch daraufhin, dass es historisch gesehen für den verfassungsändernden Gesetzgeber nahegelegen hätte, Sozialversicherungsbeiträge ausdrücklich der Finanzverfassung zu unterwerfen, wenn er das im Gegensatz zu der ihm bekannten gefestigten Verfassungsrechtsprechung für sinnvoll gehalten hätte. Gelegenheit dafür hätte nicht nur die umfassende Reform der Finanzverfassung Ende der sechziger Jahre des vorigen Jahrhunderts, sondern

---

[9] BVerfGE 113, 167 (201).
[10] BVerfGE 113, 167 (201 ff.).
[11] BVerfGE 113, 167 (203, 205).
[12] BVerfGE 113, 167 (203) unter Verweis auf BVerfGE 75, 108 (148).
[13] BVerfGE 113, 167 (205).

auch jede andere der folgenden Änderungen der Finanzverfassung geboten[14].
Damit ergibt sich aus Wortlaut, Systematik, Sinn und Zweck, aber auch aus der
Geschichte der Finanzverfassung, dass diese ausschließlich auf die Steuerverteilung bezogen ist und die Behandlung von Sozialversicherungsbeiträgen nicht
regelt.

Unabhängig davon weist das Bundesverfassungsgericht daraufhin, dass sich aus
dem Konnexitätsprinzip, wonach der Bund und die Länder gesondert die Ausgaben tragen, die sich aus der Wahrnehmung ihrer Aufgaben ergeben, schon
deshalb keine Bedenken gegen den Risikostrukturausgleich ableiten lassen, weil
Art. 104a Abs. 1 GG das Konnexitätsprinzip nur vorgibt, „soweit dieses Grundgesetz nichts anderes bestimmt." Eine andere Bestimmung finde sich aber gerade in Art. 120 Abs. 1 Satz 4 GG, der dem Bund die Zuständigkeit für Zuschüsse
zu den Lasten der Sozialversicherung zuweist[15]. Art. 120 Abs. 1 Satz 4 GG richtet sich nach der Interpretation des Bundesverfassungsgerichts aber nur an Bund
und Länder im engeren Sinne. Gesetzliche Krankenkassen gehören zwar zur
mittelbaren Staatsverwaltung von Bund und Ländern, werden aber von Art. 120
Abs. 1 Satz 4 GG nicht erfasst[16]. Vielmehr belegen Wortlaut, Entstehungsgeschichte und Systematik, das Art. 120 Abs. 1 Satz 4 GG als Kompetenznorm
weder Ansprüche aus Zuschusszahlungen gegenüber dem Bund noch Pflichten
des Bundes zur Zuschussgewährung begründet[17]. Folglich steht die Vorschrift
dem Risikostrukturausgleich nicht entgegen. Sie beschränkt ihren Regelungsgehalt darauf, die Zuständigkeit des Bundes für Zuschüsse zu den Lasten der Sozialversicherung zu begründen – und zwar unabhängig davon, ob die gesetzlichen
Krankenkassen Teil der mittelbaren Staatsverwaltung des Bundes oder der Länder sind[18].

Besonders bemerkenswert sind im vorliegenden Zusammenhang Ausführungen
des Bundesverfassungsgerichts dazu, wie der Bund die finanziellen Verhältnisse
der Sozialversicherung durch unterschiedlichste Maßnahmen regeln könne[19].
Diese Bemerkungen waren durch das Verfahren der abstrakten Normenkontrolle
nicht unbedingt veranlasst und zählen auch nicht zu den tragenden Gründen der

---

[14] BVerfGE 113, 167 (205 f.). Der Senat nimmt Bezug auf das Finanzreformgesetz vom 12.
Mai 1969, BGBl. I, S. 359.
[15] BVerfGE 113, 167 (206).
[16] BVerfGE 113, 167 (207).
[17]Vgl. dazu BVerfGE 113, 167 (208 ff) und BVerfGE 14, 221 (235, 244); *Heun*, Die Sozialversicherung und das System der Finanzverfassung, in: *Osterloh u.a.* (Hrsg.), Festschrift Selmer, 2004, 659 (664).
[18] BVerfGE 113, 167 (211 f.).
[19] BVerfGE 113, 167 (212).

Entscheidung. Sie sind dennoch gerade vor dem Hintergrund der aktuellen Debatten über eine mögliche Reform der gesetzlichen Krankenversicherung aufschlussreich. Als zulässige Maßnahmen nennt das Bundesverfassungsgericht nämlich nicht nur Leistungskürzungen, Versichertenzuzahlungen und Staatszuschüsse an die gesetzliche Krankenversicherung, sondern auch eine Erweiterung der Versicherungspflicht[20]. Dieser Hinweis verpflichtet den Bundesgesetzgeber selbstverständlich nicht. Er gibt aber immerhin Aufschluss darüber, welche Maßnahmen der Zweite Senat des Bundesverfassungsgerichts für verfassungsrechtlich unbedenklich hält, wenn die Finanzierung der gesetzlichen Krankenversicherung gesetzlich gesichert werden soll.

Weiter betont das Bundesverfassungsgericht, dass Art. 120 Abs. 1 Satz 4 GG kein spezielles verfassungsrechtliches Differenzierungsverbot enthalte, das der Gesetzgeber bei Einführung des Risikostrukturausgleichs zu beachten gehabt hätte[21]. Ein solches Differenzierungsverbot hätte es ihm untersagen können, die Mitglieder der gesetzlichen Krankenversicherung anders zu behandeln als die Steuerzahler. Da sich aus der Verfassung ein Differenzierungsverbot nicht ableiten lässt, ist insbesondere die ungleiche Behandlung der Mitglieder ausgleichsverpflichteter Krankenkassen, die der Gesetzgeber durch den Risikostrukturausgleich solidarpflichtig macht, auf der einen Seite und der Gesamtheit der Steuerzahler, die keinen Solidarbeitrag zur Finanzierung der gesetzlichen Krankenversicherung leisten müssen, auf der anderen Seite verfassungsrechtlich unbedenklich. Der Gesetzgeber ist also keineswegs verpflichtet, die finanziellen Lasten des Sozialausgleichs in der gesetzlichen Krankenversicherung dem Steuerzahler aufzubürden[22].

In diesem Zusammenhang arbeitet das Bundesverfassungsgericht sehr sorgfältig und nachdrücklich heraus, wieweit der Gestaltungsspielraum des Gesetzgebers ist, wenn er sozialversicherungsrechtliche Regelungen trifft: Das Gericht bezeichnet das Sozialversicherungsrecht als eines der wichtigsten Instrumente staatlicher Sozialpolitik[23]. Im Schutz vor Krankheit sieht der Zweite Senat eine der Grundaufgaben des Sozialstaates. Der Gesetzgeber habe diese Aufgabe durch die öffentlich-rechtliche Pflichtversicherung eines Großteils der Bevölkerung erfüllt[24]. In diesem Zusammenhang ist erneut eine Formulierung des Verfassungsgerichts bemerkenswert, die für die Entscheidung der abstrakten Nor-

---

[20] BVerfGE 113, 167 (212).
[21] BVerfGE 113, 167 (213).
[22] Dazu: BVerfGE 113, 167 (214).
[23] BVerfGE 113, 167 (215). So auch BVerfG, Beschl. v. 9.6.2004, 2 BvR 1248/03, 1249/03, DVBl. 2004, 1161 (1162).
[24] BVerfGE 113, 167 (215); BVerfGE 68, 193 (209).

menkontrolle nicht zwingend erforderlich war, die dem Gericht aber offenbar als wichtig erschien: Sie betont den weiten Gestaltungsspielraum, der dem Gesetzgeber bei der Auflösung des Spannungsverhältnisses zwischen dem Schutz der Freiheit des Einzelnen und den Anforderungen einer sozialstaatlichen Ordnung zukomme. Wie weit der Freiheitsschutz reicht und welche Anforderungen an die Ausgestaltung der gesetzlichen Krankenversicherung sich aus dem Sozialstaatsprinzip ergeben, ist also nicht verfassungsrechtlich vorgegeben, sondern vom Gesetzgeber politisch zu entscheiden. Die sozialpolitischen Entscheidungen des Gesetzgebers hat das Bundesverfassungsgericht dann anzuerkennen, solange seine Erwägungen weder offensichtlich fehlsam noch mit der Wertordnung des Grundgesetzes unvereinbar sind[25]. Auch hebt das Gericht hervor, dass es in der Gestaltungsfreiheit des Gesetzgebers liegt, den Mitgliederkreis der gesetzlichen Krankenversicherung nach zwei Kriterien abzugrenzen: zum einen danach, welcher Personenkreis zur Bildung einer leistungsfähigen Solidargemeinschaft erforderlich ist, und zum anderen danach, welche Personen den Schutz der solidarischen Krankenversicherung benötigen[26].

Nach diesen nichtspezifisch finanzverfassungsrechtlichen Aussagen zur Ausgestaltung der gesetzlichen Krankenversicherung wendet sich der Senat der Sonderabgabenproblematik zu, ohne diese allerdings ausdrücklich zu erwähnen. Er stellt fest, dass eine fremdnützige Abgabe, die auf sozialen Ausgleich und Umverteilung zielt, einer besonderen Rechtfertigung bedarf[27]. Dieser Satz vermag jedoch keine Geltung für Krankenversicherungsbeiträge zu beanspruchen. Sie sind nicht fremdnützig, sondern eigennützig im Sinne des verfassungsrechtlichen Konzepts der Sozialversicherung. Danach dient der Krankenversicherungsbeitrag nicht nur dem Versicherungsschutz, sondern auch dem sozialen Ausgleich und der Umverteilung zugunsten anderer Versicherter. Das weite Verständnis der Eigennützigkeit des Krankenversicherungsbeitrags begründet das Bundesverfassungsgericht mit der stets bestehenden Möglichkeit, durch die Wechselfälle des Lebens aus der Rolle des Belasteten in die des Begünstigten des sozialen Ausgleichs gedrängt zu werden[28]. Allein diese Möglichkeit, die sich im Verlaufe der Zeit realisieren kann, legitimiert die alleinige Belastung der Mitglieder der gesetzlichen Krankenversicherung mit finanziellen Solidarlasten und die Verschonung der Steuerpflichtigen. Weil der Risikostrukturausgleich aber nur kassenübergreifend bzw. bundesweit die Ungleichbehandlung zwischen

---

[25] BVerfGE 113, 167 (215). So auch BVerfG, Beschl. v. 9.6.2004,, 2 BvR 1248/03, 1249/03, DVBl. 2004, 1161 (1162 m. w. Nw.).
[26] BVerfGE 113, 167 (220).
[27] BVerfGE 113, 167 (221 f.), wiederum unter Verweis auf BVerfGE 75, 108 (157 ff.).
[28] BVerfGE 113, 167 (221).

Beitragspflichtigen und Steuerpflichtigen fortführt, ist er nach Auffassung des Bundesverfassungsgerichts verfassungsrechtlich nicht zu beanstanden[29].

III. Folgerungen

Fasst man die Ausführungen des Bundesverfassungsgerichts zu den verfassungsrechtlichen Vorgaben für die Finanzverfassung zusammen, so steht im Vordergrund die besondere Betonung des weiten Gestaltungsspielraums des Gesetzgebers bei der Ausgestaltung der gesetzlichen Krankenversicherung. Der Maßstab der „offensichtlichen Fehlsamkeit"[30] oder der „Unvereinbarkeit mit der Wertordnung des Grundgesetzes"[31] bildet eine soweit zurückgenommene Grenze für die Gestaltungsmöglichkeiten des Gesetzgebers, dass eine verfassungsgerichtliche Korrektur gesetzlicher Reformen der Krankenversicherung schwer vorstellbar ist. Sowohl die Finanzverfassung als auch der Freiheitsschutz und Gleichheitsgebote begrenzen nach der Verfassungsrechtsprechung den Gestaltungsspielraum des Gesetzgebers kaum, solange er nicht ganz offensichtlich verfehlte Regelungen trifft[32]. Im Gegensatz zu in der Literatur vertretenen Auffassungen sieht das Bundesverfassungsgericht im Grundgesetz keine Sozialversicherungsverfassung gewährleistet, aus der die konkrete Ausgestaltung der gesetzlichen Krankenversicherung im Wege rechtswissenschaftlicher Interpretation abgeleitet werden könnte[33]. Vielmehr lässt das Verfassungsrecht einen weiten Raum für das sozialpolitische Handeln des Gesetzgebers und zieht auch im Bezug auf die konkrete Organisation und Ausgestaltung der Krankenversicherung nur einen äußersten Rahmen[34]. Für die Regelung der finanziellen Verhältnisse der gesetzlichen Krankenversicherung stellt das Verfassungsgericht dem Gesetzgeber ausdrücklich praktisch die gesamte Palette denkbarer Maßnahmen zur Verfügung. Zwar stand die Möglichkeit, Leistungskürzungen, Versichertenzuzahlungen und Staatszuschüsse zur Absicherung der finanziellen Grundlagen der gesetzlichen Krankenversicherung einzusetzen, auch bislang schon außer Streit. Angesichts

---

[29] BVerfGE 113, 167 (222 ff.).
[30] BVerfGE 113, 167 (215).
[31] BVerfGE 113, 167 (215).
[32] Vgl. *Wieland*, VSSR 2003, 259 (269), und die Darstellung der Rechtsprechung bei *Butzer*, Fremdlasten in der Sozialversicherung, 2001, S. 323 ff.
[33] In diese Richtung *Sodan*, VVDStRL 64 (2005), 145 (149 ff.); *Isensee*, NZS 2004, 393 (395 f.).
[34] Vgl. BVerfGE 39, 302 (314); BVerfGE 89, 365 (377), auf die der Senat ausdrücklich rekurriert, BVerfGE 113, 167 (219). Siehe BVerfG, Beschl. v. 9.6.2004,, 2 BvR 1248/03, 1249/03, DVBl. 2004, 1161 (1163); *Wieland*, VSSR 2003, 259 (262). *Pitschas* hat hierfür treffend den Begriff des „Optionenermessens" des Gesetzgebers in das Sozialrecht überführt, siehe *Pitschas*, VVDStRL 64 (2005), 109 (134).

der aktuellen Reformdiskussionen ist jedoch der gerichtliche Hinweis auf die Möglichkeit, die Versicherungspflichten zu erweitern, besonders bemerkenswert. Das gilt vor allem, weil nicht nur die Weite des politischen Gestaltungsspielraums bei einer Reform der gesetzlichen Krankenversicherung betont wird, sondern das Bundesverfassungsgericht auch die Dichte seiner eigenen Kontrolle weit zurücknimmt. Neben dem Gesichtspunkt der Schutzbedürftigkeit misst das Bundesverfassungsgericht der Leistungsfähigkeit der Solidargemeinschaft besondere rechtliche Bedeutung für die Abgrenzung der Versicherungspflicht in der gesetzlichen Krankenversicherung zu. Es dürfte also nicht ausreichen, dass die Schutzbedürftigkeit bestimmter Versicherungsgruppen verneint wird, um den Verfassungsrecht eine Grenze für ihre Einbeziehung in die gesetzliche Krankenversicherung zu entnehmen, wenn die Leistungsfähigkeit der Solidargemeinschaft gerade auf die Mitgliedschaft der betroffenen Versichertengruppe angewiesen ist. Je gewichtiger die Anforderungen der Leistungsfähigkeit der Solidargemeinschaft sind, desto eher dürfte der Gesichtspunkt der Schutzbedürftigkeit der Pflichtversicherten zurücktreten. Zudem hat das Bundesverfassungsgericht mit Nachdruck herausgearbeitet, dass der gesetzlichen Krankenversicherung Umverteilung und Solidarpflicht begriffsimmanent sind[35]. Sie bedürfen keiner besonderen Rechtfertigung, sondern sind schon deshalb legitimiert, weil die gesetzliche Krankenversicherung Teil der Sozialversicherung ist. Dem entspricht das weite Verständnis der Eigennützigkeit des Krankenversicherungsbeitrags. Er deckt nicht nur die Begründung des eigenen Versicherungsschutzes, sondern auch Solidarleistungen und Umverteilungen ab, wie sie der gesetzlichen Krankenversicherung nach Auffassung des Bundesverfassungsgerichts immanent sind.

IV. Bewertung von Reformvorschlägen

Was folgt daraus für die Diskussion über eine Reform der Finanzierung der gesetzlichen Krankenversicherung und insbesondere über den Risikostrukturausgleich[36]? Eindeutig geklärt scheint zu sein, dass der Risikostrukturausgleich innerhalb der gesetzlichen Krankenversicherung ausgebaut werden und ein solidaritätswidriger Risikoselektionswettbewerb ausgeschlossen werden darf[37]. Der geplante direkt morbiditätsorientierte Risikostrukturausgleich ist verfassungs-

---

[35] BVerfGE 113, 167 (224); *Haverkate*, DVBl. 2004, 1061 (1062 f. m. w. Nw.)
[36] Zu den einzelnen Reformmodellen vgl. im Überblick *Jacobs*, Gesundheit und Gesellschaft 9 (2006), 22 ff.; *Weselski*, jurisPR-SozR 29/2005, Anm. 4.
[37] *Schneider/Vieß*, NJW 1998, 2702 (2705 ff.) zur grundrechtlichen Argumentation.

rechtlich zulässig[38]. Offen ist nach dem Beschluss des Bundesverfassungsgerichts geblieben, ob er möglicherweise sogar von der Verfassung geboten ist[39]. Der Gesetzgeber ist allerdings nicht verpflichtet, durch Einbezug aller denkbaren Faktoren des Risikostrukturausgleichs ein Optimum an Beitragsgerechtigkeit anzustreben. Vielmehr verbleibt ihm insoweit ein breiter Spielraum für Bewertungen und durchaus unterschiedliche konkrete Ausgestaltungen der gesetzlichen Krankenversicherung. Dagegen trifft die Finanzverfassung keine Aussage darüber, ob und inwieweit der Risikostrukturausgleich auf die private Krankenversicherung erstreckt werden darf[40]. Insoweit stehen Fragen des Grundrechtschutzes im Vordergrund[41].

Will der Gesetzgeber weitere Personengruppen in die gesetzliche Krankenversicherung einbeziehen, lässt sich das relativ leicht über den Gesichtspunkt der Leistungsfähigkeit der Solidargemeinschaft rechtfertigen[42]. Wesentlicher Gesichtspunkt ist insoweit, dass sich die Schutzbedürftigkeit im Laufe der Zeit verändern kann und allein die Möglichkeit, dass ein Pflichtversicherter einmal auf den Schutz der gesetzlichen Krankenversicherung angewiesen sein könnte, nach der Verfassungsrechtsprechung schon ausreicht, um Krankenkassenbeiträge als eigennützig zu qualifizieren[43]. Schließlich ist mit Blick auf die Diskussion über eine Kopfpauschale hervorzuheben, dass Solidarausgleich und Umverteilung der Sozialversicherung immanent sind. Das schließt eine Reform aus, die eines der beiden Elemente mehr oder weniger vollständig beseitigen würde.

Insgesamt gesehen weist die Finanzverfassung in der Interpretation durch das Bundesverfassungsgericht dem Gesetzgeber die politische Verantwortung für die Reform der Finanzierung der gesetzlichen Krankenversicherung im Allgemeinen und des Risikostrukturausgleichs im Besonderen zu. Das Bundesverfas-

---

[38] Zum morbiditätsorientierten RSA Gesetzentwurf der Fraktionen SPD und Bündnis90/Die Grünen, Entwurf eines Gesetzes zur Reform des Risikostrukturausgleichs in der gesetzlichen Krankenversicherung, BT/Drs. 14/6432.
[39] Diese Frage hatte schon BVerfGE 89, 365 (381), offen gelassen.
[40] *Jacobs*, Gesundheit und Gesellschaft 9 (2006), 22 (26).
[41] Am Beispiel der Bürgerversicherung etwa: *Axer*, Verfassungsrechtliche Fragen einer Bürgerversicherung, in: *Söllner u.a.* (Hrsg.), Gedächtnisschrift für Meinhard Heinze, München 2005, S. 1 ff.; *F. Kirchhof*, NZS 2004, 1 ff.; *Isensee*, NZS 2004, 393 (398 ff.); *R. P. Schenke*, Die Verwaltung 2004, 477 (489 ff.); *Sodan*, ZRP 2004, 217 ff.
[42] So BVerfGE 44, 70 (90). Näher *Wieland*, VSSR 2003, 259 (271 f.) und *Pitschas*, VVDStRL 64 (2005), 109 (137 f.); *Haverkate*, DVBl. 2004, 1061 (1063); a. A. *Isensee*, NZS 2004, 393 ff.
[43] BVerfGE 113, 167 (221) unter Verweis auf *Isensee*, Umverteilung durch Sozialversicherungsbeiträge, 1973, S. 20, und *Hase*, Versicherungsprinzip und sozialer Ausgleich, 2000, S. 343 ff.

sungsgericht hat in seinem Urteil vom 18. Juli 2005 in fast lehrbuchmäßig an-
mutender Ausführlichkeit deutlich gemacht, dass aus dem Grundgesetz jedenfalls keine engen verfassungsrechtlichen Grenzen für das sozialpolitische Handeln des Gesetzgebers im Krankenversicherungsrecht abgeleitet werden können.
Sollte jemand die Erwartung gehabt haben, das Bundesverfassungsgericht werde
aus dem Grundgesetz detaillierte Vorgaben dafür ableiten, wie eine Reform der
gesetzlichen Krankenversicherung aussehen müsste, so sind diese Erwartungen
enttäuscht worden. Das Grundgesetz zieht dem Handeln des Parlaments auch im
Sozialversicherungsrecht nur einen äußersten Rahmen. Dessen Ausfüllung ob-
liegt den demokratisch legitimierten Repräsentanten des Volkes, die allerdings
auch die politische Verantwortung für die von ihnen gefundenen Lösungen zu
tragen haben.

Verzeichnis der Autoren

Dr. *Rainer Daubenbüchel*, Präsident des Bundesversicherungsamtes, Bonn

Dr. *Dirk Göpffarth*, Bundesversicherungsamt, Bonn

Prof. Dr. *Wolfgang Greiner*, Fakultät für Gesundheitswissenschaften, Universität Bielefeld

Josef Hecken, Staatsminister für Justiz, Gesundheit und Soziales des Saarlandes, Saarbrücken

Eike Hovermann, MdB, Mitglied im Gesundheitsausschuss des Deutschen Bundestages, Berlin

Dr. *Robert Paquet*, Leiter des Büros Berlin, Bundesverband der Betriebskrankenkassen

Prof. Dr. *Rainer Pitschas*, Deutsche Hochschule für Verwaltungswissenschaften Speyer

Prof. Dr. h.c. *Herbert Rebscher*, Vorsitzender des Vorstandes der Deutschen Angestelltenkrankenkasse, Hamburg

Prof. Dr. *Joachim Wieland*, LL.M., Universität Frankfurt a. M.

Verzeichnis der Publikationen zu den Speyerer Gesundheitstagen

1. Speyerer Gesundheitsgespräche am 19./20. April 1999, „Die Zukunft der gesetzlichen Krankenversicherung in der Europäischen Union", Speyer (o.J.), Eigendruck.

2. Speyerer Gesundheitstage, 28./29. September 2000, „GKV-Modernisierungsgesetz 2000: Perspektiven der Umsetzung", vervielfältigtes Manuskript, Speyer 2001.

3. Speyerer Gesundheitstage, 23./24. April 2001, „Integrierte Krankenhausversorgung und -finanzierung"; Rainer Pitschas (Hrsg.), Reform der stationären Krankenversorgung im Spiegel integrierter Versorgungsformen und diagnosebezogener Fallpauschalen – Beiträge zur Krankenhausreform in der Bundesrepublik Deutschland. Dt. Hochschule für Verwaltungswissenschaften, Reihe Speyerer Arbeitshefte Nr. 148, Speyer 2003.

4. Speyerer Gesundheitstage, 15./16. April 2002, „Reformoptionen der GKV – Quo vadis Gesundheitswesen?"; Rainer Pitschas (Hrsg.), Reformoptionen der GKV – Quo vadis Gesundheitswesen? Dt. Hochschule für Verwaltungswissenschaften, Reihe Speyerer Arbeitshefte Nr. 143, Speyer 2003.

5. Speyerer Gesundheitstage, 27./28. März 2003, „Finanzierungsprobleme der Gesundheitsreform"; Rainer Pitschas (Hrsg.), Finanzierungsprobleme der Gesundheitsreform und GKV-Modernisierungsgesetz. Dt. Hochschule für Verwaltungswissenschaften, Reihe Speyerer Arbeitshefte Nr. 162, Speyer 2004.

6. Speyerer Gesundheitstage, 04./05. März 2004, „Umsetzung des GKV-Modernisierungsgesetzes", Rainer Pitschas (Hrsg.), Umsetzungsprobleme des GKV-Modernisierungsgesetzes. Dt. Hochschule für Verwaltungswissenschaften, Reihe Speyerer Arbeitshefte Nr. 164, Speyer 2004.

7. Speyerer Gesundheitstage, 14. / 15. April 2005, „Prävention im Gesundheitswesen. Leitvorstellungen und Eckpunkte für ein Präventionsgesetz des Bundes", Rainer Pitschas (Hrsg.), Prävention im Gesundheitswesen. Leitvorstellungen und Eckpunkte für ein Präventionsgesetz des Bundes. Dt. Hochschule für Verwaltungswissenschaften, Reihe Speyerer Arbeitshefte Nr. 174, Speyer 2005.

8. Rainer Pitschas (Hrsg.), Finanzreform in der Gesetzlichen Krankenversicherung und Zukunft des Risiko-Strukturausgleichs, Referate der 8. Speyerer Gesundheitstage am 6./7. April 2006, Speyerer Schriften zu Gesundheitspolitik und Gesundheitsrecht, Band 1, Frankfurt am Main, 2006

Speyerer Schriften zu Gesundheitspolitik und Gesundheitsrecht

Herausgegeben von Rainer Pitschas

Band 1 Rainer Pitschas (Hrsg.): Finanzreform in der gesetzlichen Krankenversicherung und Zukunft des Risiko-Strukturausgleichs. 2007.

www.peterlang.de

Stefan Fetzer

Zur nachhaltigen Finanzierung des gesetzlichen Gesundheitssystems

Frankfurt am Main, Berlin, Bern, Bruxelles, New York, Oxford, Wien, 2006.
XVI, 252 S., 62 Abb., 42 Tab.
Sozialökonomische Schriften. Herausgegeben von Bert Rürup. Bd. 28
ISBN 3-631-55590-3 · br. € 45.50*

Die langfristige Finanzierung des gesetzlichen Gesundheitssystems
ist aufgrund des bevorstehenden doppelten Alterungsprozesses und
des medizinisch-technischen Fortschritts massiv gefährdet. Der Autor
quantifiziert unter Anwendung der Methode der Generationenbilanzierung
die langfristige finanzielle Schieflage des gesamten Staatshaushalts
unter besonderer Berücksichtigung gesundheitsspezifischer Faktoren.
Darüber hinaus werden auch die Nachhaltigkeitskonsequenzen sowie die
intergenerativen Verteilungswirkungen aktueller Gesundheitsreformmodelle
(GKV-Modernisierungsgesetz, Freiburger Agenda, Kopfpauschale und
Bürgerversicherung sowie die vollständige Privatisierung) analysiert.

Aus dem Inhalt: Demographischer Wandel · Medizinisch-technischer
Fortschritt · Nachhaltigkeit · Generationenbilanzierung · Gesundheits-
system · Krankenversicherung · Gesundheitsreformen · Bürgerversicherung ·
Gesundheitsprämie

Frankfurt am Main · Berlin · Bern · Bruxelles · New York · Oxford · Wien
Auslieferung: Verlag Peter Lang AG
Moosstr. 1, CH-2542 Pieterlen
Telefax 0041(0)32/3761727

*inklusive der in Deutschland gültigen Mehrwertsteuer
Preisänderungen vorbehalten
Homepage http://www.peterlang.de